国家出版基金项目
NATIONAL PUBLICATION FOUNDATION

中國考古小史

衛聚賢◎編

山西出版傳媒集團
山西人民出版社

圖書在版編目(CIP)數據

中國考古小史 / 衛聚賢編. —太原: 山西人民出版社，2014.12
(近代名家散佚學術著作叢刊 / 許嘉璐主編)
ISBN 978-7-203-08692-5

Ⅰ. ①中… Ⅱ. ①衛… Ⅲ. ①考古學史—中國
Ⅳ. ① K87-09

中國版本圖書館CIP數據核字(2014)第205935號

中國考古小史

主　　編　許嘉璐
編　　者　衛聚賢
責任編輯　梁晉華

出 版 者　山西出版傳媒集團·山西人民出版社
地　　址　太原市建設南路21號
郵　　編　030012
發行營銷　0351-4922220　4955996　4956039
　　　　　0351-4922127(傳真)　4956038(郵購)
E-mail　sxskcb@163.com　發行部
　　　　　sxskcb@126.com　總編室
網　　址　www.sxskcb.com

經 銷 者　山西出版傳媒集團·山西人民出版社
承 印 廠　山西出版傳媒集團·山西人民印刷有限責任公司

開　　本　700mm×970mm　1/16
印　　張　9.5
字　　數　80千字
印　　數　1—3000冊
版　　次　2014年12月　第1版
印　　次　2014年12月　第1次印刷
書　　號　ISBN 978-7-203-08692-5
定　　價　21.00圓

《近代名家散佚學術著作叢刊》編委會

出版說明

近代名家散佚學術著作叢刊選取一九四九年以後未再刊行之近代名家學術著作共一百二十册，編例如次：

一、本叢書遴選之著作在相關學術領域具有一定的代表性，在學術研究方向、方法上獨具特色。

二、爲避免重新排印時出錯，本叢書原本原貌影印出版。影印之底本皆經專家組審定，原書字體大小，排版格式均未做大的改變，原書之序言、附注皆予保留。

三、本叢書分爲八大類，以作者生卒年編次。

四、爲使叢書體例一致，本叢書前言後記均采用繁體字排版。

五、個别頁碼較少的版本，爲方便裝幀和閲讀，進行了合訂。

六、少數學術著作原書内容有個别破損之處，編者以不改變版本内容爲前提，部分進行修補，難以修復之處保留缺損原狀。

七、原版書中個别錯訛之處，皆照原樣影印，未做修改。

八、所選版本之抽印本頁碼標注，起始至所終頁碼均照原樣影印，未重新編排標注新頁碼。

由於叢書規模較大，不足之處，殷切期待方家指正。

總序／

披沙瀝金，以爲鏡鑒

◇許嘉璐

多年來有一個問題始終在我腦中盤桓：爲什麽在十九世紀末到二十世紀初，在短短的幾十年裏，中國的各個學術領域竟涌現了那麽多大師級的人物？這是中國近代史上一個極爲重要的現象，我認爲，如果不能給出令人滿意的答案，我們撰寫的近代學術史將是不完整的，甚至是缺乏靈魂的。後來我知道，著名人類學家克羅伯曾提出過一個問題：爲什麽天才成群地來？看來這種現象的出現並非中國所獨有，思考其所以然的也大有人在。而在那一次世紀之交中國的情况，似乎應驗了「天才成群地來」這個令克氏久久不解的疑問。錢學森先生曾從相反的方向提出了相同的疑問：爲什麽我們這個時代出現不了杰出人才？後來人們稱這個問題爲「錢學森之謎」。

要回答這些疑問不是件容易的事。與其迅速地囫圇地探尋，不如先多了解那些讓中國近代學術（應該包括人文科學和自然科學）史上閃耀着光輝的大師們的作品和自述，從而在腦海里盡量「復原」他們所處的環境和在那種環境下的心理路徑，從中或許可以得到一些啓示。

有一點是顯然的，這就是他們雖然都已遠離塵世而去，但是他們獨立思考的品性、求知治學的真誠、困厄窮愁中對節操的堅守，恐怕是他們共同的主觀因素，一直影響到現在，而且將會永遠留存下去。

就思想界、學術界而言，二十世紀上半葉是一個新説和舊説碰撞，中學和西學融匯的大時代。那時的學人極爲重視言行操守，同時具備現代知識分子的理想信念；他們的學術研究十分純净，絶少功利因素；他們的視界開闊，以包容的心態和嚴謹的風格造就了成果的大氣與厚重。至於在客觀因素一面，他們實際是在用工業化時代的事實解説着太史公所説的名山之作「大抵聖賢發憤之所爲作」，困厄苦難使得他們「皆意有所鬱結」。這種鬱結，幾乎和個人的名利毫無牽涉，他們永遠不能釋懷的，是民族的存亡、國運的興衰、民衆的福禍和文脈的續斷。

那個時代也是近代歷史上最大規模的中西古今學術調適、創新的時期，學術方法上的交互滲透和融合、創新亦可謂「於斯爲盛」。斯時之學人是要在封閉的屋墻上鑿出窗子的勇士，是使人能够看看外部世界的第一批導夫先路者；或者可以説，他們是在「意有所鬱結」時「彷徨」和「吶喊」的「狂人」。

相對於那時的哲人們，後來者是幸運兒。現在的形勢是，近三十年來學界空前繁榮，衆多學科有了長足之進，其中很重要的一點是學界有了更新穎、更廣闊的國際視野，似乎接續上了百年前的學壇盛事。但細想想，「古」與「今」還是有差别的。其异，主要不在於世界情勢、學術進展、工具改善這些客觀存在，而在於在廣泛吸收各國優長的同時，自身文化的主體性越來越受到重視，换言之，「拿來主義」已經延長了「拿來」的程序，加上了試用、甄别、篩選、吸收、融合、成長。就我孤陋所見，在當今地球上，面向所有異質文明，努力汲取我之所缺，其範圍之大和心態之切，似乎無出中國之右者。從這個角度説，我們已經超越了前輩。但是事情還有另外一面，學術，特别是人文學科，其職業化、「沙龍化」和功利性，以及隨之而來的浮躁病却嚴重了。從這個角度説，是不是我們已經後退得够可以的了？而這是不是我們這個時代出不了大師的原因之一呢？

民國學術界的特點之一是極爲注重對傳統的反省、批判與繼承。他們對傳統文化盡最大的努力進行整理和研究。一方面，由於戰亂頻仍，民不聊生，學者們擔起了讓中華文化薪火相傳的歷史責任；另一方面，他們要通過對中國傳統文化的整理、挖掘來重振民族自信心。這一時期對傳統文化進行整理的全面而深入是前所未有的，舉凡文字學、語言學、經濟學、法學、哲學、政治制度、書法繪畫、金石學……規模之宏大，研究之精微，令人嘆爲觀止。

民國學術推動了現代學科體系的建立。在對傳統文化整理和研究的基礎上，吸收西方的文化思想和理念，推動和建立了中國現代學科體系。例如，在對語言文字和音韵學成果進行整理、研究的基礎上開始着手規範之，建立了國語學；深入研究書法、國畫，將其融入了現代美術學科；在廢除舊有學制後逐步建立起小、中、大學較完整的科目和學科體系。

民國學術也改變了傳統學術方式，建立了新的研究範式。以現代科學考古爲發端，科研的實踐和成果使中國知識界真正認識到在實驗、比較基礎上的邏輯分析對學術研究的重要，推進了中國學術的一大演變。至於我們常説的打破士大夫傳統、走出書齋到田野鄉村和市民中進行調查研究、結束了經學時代、以歷史眼光檢視儒學和諸子等等，都是確立新學術範式的努力。這一轉變，也標誌着中國學術界脱胎换骨，全面進入了現代，爲此後的學術發展奠定了堅實的基礎。當然，西方啓蒙運動以來，在「現代性」和「現代化」裏潛伏着的缺陷和謬誤也傳到了中國，這些不能不在前哲的著作裏留下痕迹。這並不奇怪。類似的情況，古往今來孰能免之？猶如今天的我們，誰敢自稱我之所見就是永恒的真理？在這個問題上兩個時代所異者，或許就在昔時大家創立新説或譯註西學著作，往往是懷着對學術和前哲的敬畏而爲之，故而常常誤不在我；當今則往往出於對學問和他人的輕蔑，或以所研究的對象爲謀己的工具，因而難辭主觀之咎吧。翻閲他們的心血之作，這些復雜的狀況可以顯見，可以視之爲我們的一面鏡子。

滄海桑田，世事變幻，歷史的動盪和時代的遮蔽，使當年許多大師的一些極有價值的學術著作被棄於故紙堆中，不能不令人有遺珠之憾。爲此，山西人民出版社不惜以數年之艱辛，披沙瀝金，編輯出版這套近代名家散佚學術著作叢刊，凡一百二十冊，計文學、史學、政治與法律、美學與文藝理論、民族風俗、宗教與哲學、經濟、語言文獻共八大類別。所選皆爲作者之純學術著作，無論是其見解、精神，抑或是其時代烙印，都是後輩學人可資借鑒的寶貴財富。他們出版這套叢書，意在讓世人不忘來程，知篳路藍縷之不易，爲民族文化的傳承再增薪木。

出版社的初衷，與我近年來所思所慮近似，故願略述淺見於書端，以與策劃者、編輯者和讀者共勉。

二〇一四年七月六日

改定於自安東回京途中

前言

◇汪高鑫

中國近代的歷史，交織着多重矛盾。有傳統社會所具有的階級矛盾，有因帝國主義入侵而激化的民族矛盾，還有新舊思想觀念的矛盾，等等。正是社會矛盾的激盪，促進了近代社會的運動、嬗變與轉型，帶動了社會各種思潮的不斷涌現，進而引發了各種史學思潮的興起和近代史學的發展。一言以蔽之，近代中國史學與史學思想的發展變化，與近代中國社會的變遷是休戚相關的。

民國時期的社會變遷與轉型，直接促成了民國史學的發展和史學觀念的改變以及史學方法的創新。縱觀民國時期社會變遷與史學的發展，大致可以劃分爲兩個時期，第一個時期從一九一二年民國成立到一九三七年抗戰爆發，第二個時期從一九三七年抗戰爆發到一九四九年新中國成立。

第一個時期，中國社會的變遷大致經歷了從中華民國建立到北洋軍閥統治、從五四運動的爆發到兩次國内革命戰争兩個階段。與此相對應，民國史學的發展也緊隨時代變化，明顯呈現出時代特徵。

在第一個階段，中國爆發了辛亥革命，結束了兩千多年的帝制統治，建立了資産階級民主共和體制的中華民國，然而資産階級臨時政府的權力很快又落入到袁世凱北洋軍閥手裏，中國政治進入了北洋軍閥黑暗統治時期。以梁啓超爲代表的一些早期提倡新史學的史家，因爲對袁世凱政府抱有幻想，而參加了北洋軍閥政府，由於忙於事務性的工作，早前由他們發動的資産階級新史學工作因此被耽擱了。這一時期新史學流派的歷史研究没有取得什麼實質性的成果。

北洋軍閥政府的獨裁統治與尊孔復古，激起了全社會的反抗，隨着維護資產階級民主共和的護國運動和護法運動的相繼開展，思想文化領域反對尊孔復古的新文化運動也於一九一五年開始廣泛開展起來，「民主」與「科學」便是這一運動所打出的旗幟。與此同時，大概自一九一六年以後，隨着一些留美、日、歐學生先後歸國，帶來了各種資產階級新思想。一時間，各種西方新學説不斷涌入，如英國羅素的社會改良主義、法國柏格森的生命哲學、德國李凱爾特的新康德主義、美國杜威的實用主義、馬克思主義，如此等等，當時中國的思想界可謂非常活躍。這些新學説、新思想的涌入，大大激發了這一時期中國史學家們的史學思想與歷史研究，各種新的史學研究方法得到介紹和提倡，史學出現了新的氣象。

從新文化運動到一九一九年五四運動時期，史學的代表人物主要有胡適、王國維、李大釗等人。胡適一九一七年留美回國後，很快成爲新文化運動的代表人物之一。在治學方法上，他將美國學者杜威的實驗主義運用到史學研究當中，於一九一九年提出了「大膽的假設，小心的求證」的治史方法和「整理國故，再造文明」的口號，發表了中國哲學史大綱這一以實驗主義研究中國歷史的示範之作，由此開啓了近代中國實證主義史學。王國維一九一六年留日歸國後，致力於甲骨文、今文和古器物考釋等的研究，一九一七年寫成的殷卜辭中所見先公先王考、殷周制度論，是考古學與歷史學相結合的開創性的研究成果。胡適與王國維等人的史學研究與方法，開創了近代中國史學研究的新範式。李大釗是近代中國第一個傳播馬克思主義的史學家。他於一九一六年留日歸國後，便積極投身於新文化運動中。當年發表了長文民彝與政治，從學理上論述如何根除帝制獨裁問題；次年發表了自然的倫理觀與孔子，對北洋軍閥政府尊孔復古進行抨擊；一九一九年在新青年上發表了我的馬克思主義觀，開始係統介紹馬克思主義史學理論，由此奠基了中國馬克思主義歷史觀。

第二個階段，爲中國兩次國内革命戰爭時期。第一次國共合作北伐，取得了反對北洋軍閥統治的勝利；第二次國共内戰，其間日本帝國主義不斷擴大侵華，民族危機日益加重。盡管這一時期的中國戰亂不已，國家還面臨着嚴重的民族危機，卻是民國史學大發展時期；而造就這種大發展的原因，既有五四新學術思想的持續爆發的因素，也與二十世紀二三十年代社會變遷密不可分。

二十世紀二三十年代民國史學的大發展，突出表現在新歷史考證學上，這顯然是對五四時期開啓的實證史學的繼續和發展。一九一九年底，胡適發起「整理國故」運動，從歷史學的角度提出「整理國故」的步驟與方法，繼續宣揚他的所謂學術求真。胡適認爲，「整理國故」的目的在於學術求真，並非現實致用，並提出了「整理國故」的四個具體步驟：第一步是條理係統的整理，第二步是尋出每種學術思想發生原因和效果，第三步是要用科學的方法做精確的考證，第四步是綜合前三步的研究還他一個本來面目。應該説胡適的「整理國故」對於歷史研究有着方法論的意義。受胡適疑古實證思想影響的顧頡剛，在史學上的突出成就和影響，是提出「層累地造成的中國古史」的觀點，以及創辦古史辨，推動中國古史的研究。顧頡剛古史辨的具體成就，除去提出「層累地造成的中國古史」的命題，還揭示了三皇五帝古史係統由神話傳説層累造成，打破了民族出於一元和地域向來一統的傳統説法，以及對古書著作時代的大量考訂。顧頡剛的治史宗旨，用他自己的話來説，就是「只當問真不真，不當問用不用」（注一）。傅斯年曾經留學德國，深受西方蘭克「史料即史學」的實證主義影響。一九二八年創辦中央研究院歷史語言研究所，大力宣揚蘭克史學思想。按照傅斯年的説法，「學問之道，全在求是」（注二），一分材料只能説一分話，史學便是史料學。王國維在這一時期的歷史考證涉獵廣博，於漢晋木簡研究有流沙墜簡考釋、墜簡考釋補證和簡牘檢署考，於敦煌寫卷研究有與羅振玉合編的敦煌石室遺書，於甲骨文等古文字研究貢獻尤大。在治史方法與理論上，王國維的

「二重證據法」之「古史新證」理論，對於民國史學的影響極大。陳垣這一時期的治史集中於宗教史和文獻學。於宗教史上，從一九一七年至一九二三年，他先後發表了元也里可溫考、開封一賜樂業教考、火祆教入中國考和摩尼教入中國考，合稱「古教四考」；於文獻學上，他對目録學、年代學、史諱學和校勘學等領域多有建樹。陳垣治史以重史源、講類例爲其特點。以上史家雖然治學方法與特點不盡相同，但都以考證見長。

這一時期「新史學」史家的史學研究與方法也取得了一定的成就。梁啓超這一時期的史學研究可謂多産，從一九二〇年至一九二七年，先後發表清代學術概論、先秦政治思想、中國歷史研究法及補編、中國近三百年學術史和古書真僞及其年代等，治史重點在學術史與方法論。與當年發起「新史學」相比，梁氏這一時期的史學研究呈現出廣疏多變的特點。何炳松在「新史學」思潮中可謂獨樹一幟，他於二十世紀二三十年代中國史學界的最大影響，便是對魯濱遜新史學的介紹和評論。何炳松係統闡發了「新史學」的「綜合史觀」，主張歷史研究要反映人類活動的全部，史學研究的方法應該多元化，如統計學的方法、生物學的方法等等，要綜合利用各種學科的成果特别是新學科的進展開展歷史的研究，並表達了對於歷史學的意義、價值和發展前景的看法。

與此同時，這一時期的馬克思主義史家對歷史學的研究繼續做出了貢獻。一九二四年，李大釗出版史學要論，運用唯物史觀對歷史、歷史學、歷史學的係統、史學在科學中的地位、史學與其他相關學科之間的關係、現代史學的研究及於人生態度的影響等史學基本理論問題作了闡述。一九二七年大革命失敗後，一些關注中國前途與命運的學者受到困惑，於是一場關於中國社會性質的大論戰逐漸開展起來。馬克思主義史家積極參與其中，郭沫若便是其中的杰出代表。一九三〇年，郭沫若出版了中國古代社會研究一書，這是民國時期中國第一部運用唯物史觀分析、解剖中國古代社會的著作。該書以物質資料生産方式的發展和變革來解釋中國古代社會歷史發展的全過程，論證中國歷史發展與世界歷史發展的共同性，對中國古史分期提出了自己獨創性的看法。參與社會史大論戰的馬克思主義史學家還有呂振羽、何幹之、翦伯贊、侯外廬、鄧拓等人。但總體來看，與歷史考證學派相比，這一時期的「新史學」派和馬克思主義史學派並不佔據主流。

第二個時期，中國經歷了抗日戰爭和解放戰爭，民國史學在這個時期的表現有兩個顯著特點：其一是緊緊服務於抗戰的需要而出現的抗戰史學；其二是馬克思主義史學得到了迅速發展，逐漸形成自己的革命史學體係。

抗日戰爭的爆發，引起了中國史學界巨大的震撼。面對中華民族出現前所未有的嚴重危機，在第一時期佔據史學主流地位的新考證學派史家，他們過去那種一味重視學術求真，而不講究學術致用的治史價值取向，在這時發生了重大改變，開始以史學積極服務於抗戰。早在九一八事變以後，面對中華民族的危機，顧頡剛、傅斯年、陳垣等考證學派史家就開始拿起自己的史筆，積極投身於抗日救亡的時代大潮中。顧頡剛一九三四年創辦禹貢半月刊，開始高舉愛國主義的民族主義旗幟。之所以要以「禹貢」爲刊名，按照顧頡剛的說法，是「今日談起禹域，都會想起『華夏之不可侮與國土之不可裂』」（注三）。很顯然，禹貢半月刊的宗旨，便是要通過對於邊疆歷史地理的研究，激發全民族抵抗日本帝國主義侵略的熱情與决心，以達到維護祖國領土完整的目的。傅斯年在九一八事變後，出版了東北史綱，以大量史實論證東北自古以來就是中國的固有領土，對日本帝國主義御用歷史學家的種種歪曲史實的謬論予以駁斥。全面抗戰爆發後，傅斯年又寫了中國民族革命史一書，雖然是未完稿，卻已經表達了他的民族思想。該書以歷史爲依據，充分論證了中華民族的同一性、整體性和不可分割性，因此，在面對日本帝國主義侵略中國的嚴重危機的緊要關頭，中華民族應該團結起來共同禦侮，要發揚中華民族百折不撓的精神，樹立起中華民族抗戰的必勝信心。陳垣在新中國成立後給友人的書信中講到了九一八事變後他的治史取向的轉變：「九一八以前，爲同學講嘉定錢氏之學；九一八以後，世變日亟，乃改顧氏日知録，注意事功，以爲經世之學在是矣。」（注四）抗戰爆發後，陳垣當時身陷淪陷區，卻堅持以史學爲抗戰服務，其中最具代表性的史著便是「宗教三書」和通鑑胡注表微。所謂「宗教三書」，是指明季滇黔佛教考、清初僧諍記和南宋初河北新道教考，雖然講的是宗教，卻表現了愛國的民族情操。明季滇黔佛教考是表彰明末遺民的愛國精神與民族氣節；清初僧諍記是通過宗教史的研究，來揭露變節者，抨擊賣國求榮的漢奸；南宋初河北新道教考也是用以表彰抗節不仕之遺民。通鑑胡注表微是陳垣最具代表性的史學著作，也是一部關注現實的史著，書中表現出了陳垣對歷史前途和民族命運的思考。錢穆在抗戰時期的史學研究，愛國的民族主義色彩也非常濃厚。一九三七年，錢穆寫成了與梁啓超同名史著中國近三百年學術史。該書以思想文化爲基礎和綫索，以學術傳承爲核心，通過史實證明中國傳統文化的優越性，旨在提醒國人要重視挖掘中國傳統文化的長處和價值，持守中國傳統文化的精神，保持一種民族的自信心。毫無疑問，這種民族自信對於全民族團結抗戰是非常必要的。一九四〇年，錢穆多年國史教學講義國史大綱出版。該書以「國史」作稱謂，反映了作者作史的民族國家本位意識。錢穆明確指出：「治國史之第一任務，在能於國家民族之内部自身，求得其獨立精神之所在。」（注五）該書的具體内容也充分體現了這一精神，它將文化、民族與歷史三者結合起來對中國歷史加以考察，認爲這種歷史發展過程即是民族文化精神的演進過程，歷史研究的目的不僅在於弄清楚歷史的真實，更重要在於弄清楚歷史背後蘊藏的民族文化精神，從而積極地去傳承這種民族文化精神。

當然，新考證學派史家開始轉向經世致用，只是治史的價值取向發生了變化，並不等於放棄了一貫的注重考證的治史方法。相反，在民國後期，這種治史方法還得到了發展，并且取得了很多重要成果，陳寅恪的詩文箋證和「民族文化之史」的論述便是典型代表。陳寅恪屬於考證學派代表人物之一，這一時期出版的隋唐制度淵源略論稿和唐代政治史述論稿是其考證隋唐史的力作。陳寅恪對於史料的運用有自己獨到的見解，認爲史家之於史料應該善於審定，辯證地看待真僞；同時要善於利用史料，詩詞、小説，以及裨史、筆記等，都可以用做歷史研究的材料，這顯然是一種「通識」的史料觀。陳寅恪詩文箋證的治史方法，即是在這種史料觀的指導下産生的，具體做法是以歷史記載去箋證詩文，同時詩文又可用以證史、探討史事，從而開闢出了一條新的證史路徑。一九五〇年出版的元白詩箋證稿，以及晚年寫成的巨作柳如是別傳，便是運用這種方法的代表作。陳寅恪關於「民族文化之史」的論述，其基本内涵包括政治制度、社會習俗、學術思想、文學藝術。陳寅恪的歷史觀念，是要以民族文化爲根基，同時吸收外來學説，由此構建起本民族思想文化體係；而不談經濟基礎的作用，則是其歷史觀念的局限性。

這一時期的中國馬克思主義史學家，不但積極投身於抗戰史學當中，爲全民抗戰進行歷史研究，而且把歷史研究與當時的革命鬥争相結合，逐漸形成了馬克思主義的革命史學。縱觀這一時期中國馬克思主義史學研究，主要在以下三個方面取得了顯著成就：其一是社會史研究，代表史家有吕振羽、鄧初民、侯外廬等人。吕振羽於一九四二年出版了中國社會史諸問題，該書是對二十世紀二三十年代中國社會史問題論戰的一個較爲係統的總結，正如作者在新版序言中所説，該書「反映了中國新史學在歷史科學戰綫上的鬥争過程中的若干情況，也反映了有關各派對中國史問題的基本立場、觀點、方法及其在一定時期的發展過程，可作爲中國馬克思主義史學史的參考資料」。鄧初民於一九四〇年和一九四二年分別撰寫出版了社會史簡明教程和中國社會史教程，兩書運用馬克思主義唯物史觀，分別論述了人類社會歷史的發展過程及其規律和中國社會歷史的發展過程及其規律。在中國社會史教程一書中，鄧初民指出了中國社會發展的前途是光明燦爛的，我們應該要「努最後必死之力，加以爭取」。侯外廬於一九四七年出版了中國古代社會一書，內容涉及生產方式、政治結構、階級關係、國家和法以及道德起源等問題，見解頗爲深刻。總體來説，這些社會史著作可以被看作是二十世紀二三十年代社會史大論戰的總結、延續和深入。

其二是通史研究。這方面的成就尤爲突出，呂振羽的簡明中國通史、范文瀾的中國通史簡編和翦伯贊的中國史綱都是這一時期的通史名作。呂振羽於一九四一年出版簡明中國通史上册，如同其出版序言所説，該書「與從來的中國通史著作頗不同」，這種「頗不同」主要表現在它「把中國歷史作爲一個發展過程在把握」，「還盡可能照顧到中國各民族的歷史及其相互關係」。一九四八年出版下册，在跋語中作者申明該書的基本精神是「把人民歷史的面貌復現出來」。范文瀾於一九四二年出版了中國通史簡編，該書的基本精神旨在將歷史研究與中華民族的前途相結合，如同作者在上册序言中所説的，「我們要瞭解整個人類社會的前途，我們必須瞭解人類社會過去的歷史；我們要瞭解中華民族的前途，我們必須瞭解中華民族過去的歷史」。這也正是中國通史簡編撰寫的初衷。本着這樣一個目的，該書的編寫運用馬克思主義觀點，肯定勞動人民的歷史作用，重視探尋社會發展的規律，注意分析階級鬥争的本質，積極反映生産鬥争的面貌。翦伯贊於一九四三年和一九四六年分別出版了中國史綱第一、二册，該書運用馬克思主義觀點，剖析了商周社會性質以及戰國秦漢社會性質的轉變，注意將中國歷史置於世界歷史的大背景下進行考察，在研究方法上重視以考古材料與文獻資料相結合。

其三是思想史研究，代表史家有呂振羽、何幹之、侯外廬等人。呂振羽於一九三七年出版了中國政治思想史，這是我國第一部運用馬克思主義理論論述中國政治思想的著作。撰述的初衷，是針對陶希聖的同名著述，可以被視爲社會史論戰的延伸。作者解釋所謂的政治思想史，「本質上係同於社會思想史」。全書按社會性質及其發展階段，對上自商朝下至鴉片戰爭前的中國政治思想史作了係統論述。何幹之於一九三七年出版了近代中國啓蒙運動史，該書重視將思想運動和社會的經濟結構、政治形態聯係在一起來進行研究，肯定評價各種思想文化必須運用「歷史的眼光」，把思想文化放在特定的歷史環境中進行考察、分析和評價。侯外廬關於思想史的研究建樹最多，他於一九四四年出版了中國古代思想學説史，具體探討了歷史演進與思想發展、新舊範疇與思想變革、思想發展過程與時代個別學説、學派同化與學派批判、學説理想與思想術語、現實與遠景等等的關係，見解深刻；一九四五年出版了中國近世思想學説史，這是一部論述十七世紀至二十世紀中國思想學説發展史的著作，以十七世紀爲啓蒙思想期、十八世紀爲漢學運動期、十九世紀以後爲西學東漸期做劃分；一九四七年主持編寫出版了中國思想通史第一卷，該書編寫的主旨思想，作者在出版序中説，是「特在於闡明社會進化與思想變革的相应推移，人类新生與意識潛移的聯係」。

如果説五四運動以來至抗戰以前的中國馬克思主義史學的傳播主要還只是李大釗、郭沫若等少數人的努力的話，那麽隨着抗日戰爭爆發，這樣的局面得到了很大的改觀，馬克思主義史學在此後得到了迅速發展。隨着馬克思主義史學家們在史學研究各個領域的全面開展，并且取得了許多重要的研究成果，一種新的「革命史學」體係便逐漸建立起來了。這種「革命史學」爲抗日戰爭和全國解放戰爭的勝利做出了重要貢獻，成爲中國共産黨領導的中國革命事業的重要組成部分。

縱觀民國時期史學的發展，明顯呈現出以下特點：首先是階段性。民國史學如同民國社會一樣，處在不斷的嬗變當中，故而呈現出明顯的階段性特點。這種階段性，大致可以分爲民國建立前後從傳統史學向新史學的轉變，五四時期及此後新史學向考證史學（廣義而言考證史學也屬於新史學）的轉變，抗戰時期考證史學向經世史學的轉變，從抗戰到解放戰爭時期，馬克思主義革命史學迅速發展。

其次是經世性。民國史學的嬗變，呈現出階段性特點，又是與史學發揮其經世功能緊密相連的。五四新考證學派史學雖然標榜自己的學問「只當問真不真，不當問用不用」，其實他們的考證史學是與五四新文化運動提倡的科學精神分不開的。新考證史學雖然有傳承乾嘉治史方法的因素，更有學習西方，希望建立科學的史學的願望所在。正如顧頡剛所説的，「五四運動以後，西洋的科學的治史方法，才真正傳入，於是中國才有科學的史學可言」（注六）。這種科學的史學，與當時建立科學、民主的中國的社會訴求是相一致的，其實也是具有經世的内蘊於其中的。抗戰時期，包括實證主義和馬克思主義等在内的史家都積極投身於宣傳民族文化當中，則是與當時的救亡圖存聯係在一起的，這種史學經世直面社會問題、直面民族危機，其方式當然更加直截了當。毫無疑問，民國史學在其不同階段，整體上都没有脱離經世的主旨，這也是中國史學的優良傳統。

再次是流派多。這一時期的史學流派可謂异彩紛呈，有新史學派、國粹派、新考證學派、馬克思主義學派等等。每一學派下面又可具體劃分出具有不同特點的派别，如新考證學派雖然都以考證見長，但他們的學術風格還是不盡相同的，據此又可細劃出以胡適爲代表的實證派、顧頡剛爲代表的古史辨派、傅斯年爲代表的史料學派、王國維爲代表的考古派等等。一些學者根據各自不同的標準，對民國史學流派作了不同的劃分，如有信古派、疑古派與釋古派之分，有傳統派、革新派與科學派之分，有考據學派、唯物史觀派和理學派之分，有掌故派、社會學派之分，如此等等，不一而足。

總體來看，民國史學影響最大者，莫過於新考證學派和馬克思主義學派，抗戰以前以新考證學派最盛，抗戰以後馬克思主義學派得到迅速發展。這些史學流派的史學理論與方法，迄今依然成爲我們歷史研究的重要範式。

近代名家散佚學術著作叢刊選取了一九四九年以後未再出版的十六部民國時期的史學著作進行重刊，它們分別是朱謙之的扶桑國考證、魏應麒的中國史學史、衛聚賢的中國考古小史、陳伯瀛的中國田制叢考、謝國楨的清初流人開發東北史、張鵬一的唐代日人來往長安考、鍾歆的揚子江水利考、梁盛志的漢學東漸叢考、顧頡剛、楊尚奎的三皇考、陶棟的歷代建元考、陳述的契丹史論證稿、陳寶泉的中國近代學制變遷史、陳里特的中國海外移民史、鄭鶴聲的史漢研究、章中如的清代考試制度資料和郭伯恭的永樂大典考。之所以重刊這批史學著作，是看到了它們在今天依然有其學術價值所在。作爲一份豐厚的史學遺産，值得我們去加以發掘和繼承。

從所選十六部史學作品來看，明顯打上了民國史學的時代烙印，體現了民國史學的時代特徵。首先，研究内容涉獵廣博。涉獵廣博，是民國史學的基本特點，反映了民國史家學術視野的開闊。選擇重刊的雖然只有十六部史著，涵蓋面卻非常廣博，有史學史方面的，如中國史學史、史漢研究；有學術史方面的，如漢學東漸叢考、永樂大典考；有教育史方面的，如中國近代學制變遷史、清代考試制度資料；有經濟史方面的，如中國田制叢考、揚子江水利考、清初流人開發東北史；有考古史方面的，如中國考古小史；有民族史方面的，如契丹史論證稿；有中外交往史方面的，如扶桑國考證、唐代日人來往長安考、中國海外移民史；還有名號、年號史方面的，如三皇考、歷代建元考等。這樣的全方位的歷史研究，是民國史學的一個縮影。

其次，治學方法重視考證。重視考證，是民國史學的顯著特點。在十六部史著中，除去魏應麒的中國史學史、衛聚賢的中國考古小史、陳寶泉的中國近代學制變遷史、陳里特的中國海外移民史、鄭鶴聲的史漢研究和章中如的清代考試制度資料等六部外，其他十部都是考史著作。涉及的考證領域很廣，有國名、田制、開發、交通、水利、學術、名號和學制等等。在具體考證上，重視方法的運用。如朱謙之的扶桑國考證，按照作者自己在自序中所説，該書是「從文獻學、民俗學、考古學三方面的史料搜集和批評的結果」，這裏既是講史料搜集問題，也是講歷史考證方法。又如陳伯瀛的中國田制叢考，作者也在自序中交代了其作史、考史方法：首在網羅放失，整輯舊聞；次在探究原本；三則覆核名實；四則辨正事蹟；五則鑒古度今。可見該書對廣占資料、辨證核實的重視。

再次，治學宗旨强調致用。經世致用，是民國史學的重要特點，抗戰以後的史學表現尤其突出。所選十六部史著，也體現了重視經世致用的特點。如陳伯瀛之所以要撰述中國田制叢考，按照作者的解説，是因爲田制與農人、社會和國家休戚相關。該書「敍引」就説，田制影響農人生計，農人生計又會影響到社會秩序與和平。又如鍾歆的揚子江水利考，作者在該書「敍言」中論述了撰述該書的原因：一方面民國以前揚子江鮮有水患，所以過去這方面的論著很少；另一方面民國以來的數十年間，揚子江水患頻發，國家需要計劃治理，而治理水災，就必須要先瞭解水文歷史。很顯然，該書是爲了治理揚子江水患的需要而撰寫的，經世意圖非常明顯。再如陳寶泉作中國近代學制變遷史，其實是蘊含了作者教育救國的思想於其中的。在該書自序中，作者明確指出學制與人才問題關係到國家興亡的根本。他有感於當時各國教育制度的日新月異，而中國卻没有關於教育制度的專書作比較，致使切合國情的新的教育一時無由發現。他撰寫該書的目的，便是希望通過總結近代中國學制的變遷，找尋出一種更加適合當時中國需要的新的學制。

最後，歷史見解精辟獨到。如朱謙之扶桑國考證考證扶桑國爲何處，這是對當時世界史學界討論的一個熱點問題的積極回應。自從一七六一年法國人歧尼（De Guignes）發表中國人之美洲海岸航行及住居亞洲遠東之幾個民族的研究，提出扶桑爲美洲墨西哥説以來，引起了世界史學界的長期大討論，基本觀點無非有肯定與否定兩種，否定中又有扶桑國爲日本和樺太的不同説法。朱謙之依據文獻、民俗和考古資料，比較了世界史學界諸説的異同和存在的問題，得出了扶桑即美洲墨西哥的結論，不但駁斥了扶桑非美洲説的觀點，而且對美洲説也作了補充論證，更有説服力。又如魏應麒的中國史學史的問世，按照作者的説法，是「前無作者」的史著，卻表現得非常成熟。該書對中國史學的特質與價值、史籍的位置與類別、史館建置與職守、史學發展之情形、史書體裁之發展、史學理論與方法之運用等等，都提出了自己的見解，即使在今天，也不失爲有創見的反映中國史學史的著作。又如顧頡剛、楊尚奎的三皇考，這是民國考證派史學的代表作之一。在該書中，作者對「皇」、「三皇」、「太一」等相關概念作了係統闡釋，對三皇説與太一説的消長及其相互關係進行了論述，對與三皇相關的伏羲、盤古、女媧等古聖王的地位變化作了考察，對三皇、太一在道教中的地位作了説明，對歷史上關於三皇的信仰與祭祀情況作了梳理，并且旁及河圖洛書、三墳五典等等内容。這樣一個係統的考察，旨在論證「三皇」傳説只是托古改制的産物，認爲民族自信力應該建立在理性上，而不是虛假的三皇上。書中闡發的觀點，在當時史學界有很大的影響。應該説所選十六部史著，都是作者的心得之作，這裏不一一贅言。

挖掘、清理和總結民國史學，對於我們全面認識和係統借鑒民國史學，推動新時期中國史學與史學思想的發展是很有裨益的。借此對主持重刊工作的山西人民出版社表達一個史學工作者的由衷敬意！

二〇一四年五月於北京師大京師園

注一　當代中國史學，遼寧教育出版社一九九八年版，第一百五十三頁

注二　史料論略及其他，遼寧教育出版社一九九七年版，第二百頁

注三　禹貢四卷十期，禹貢學會募集基金啓事

注四　陳智超陳垣來往書信集，上海古籍出版社·九九〇年版，第二百一十六頁

注五　國史大綱，商務印書館一九九四年版，第十一頁

注六　當代中國史學，遼寧教育出版社一九九八年版，第二頁

作者簡介

衛聚賢（一八九九年—一九八九年），字懷彬，號助臣、耀德、衛大法師等，曾化名魯智深、韋痴子等，山西萬泉（今萬榮）北吴村人。衛聚賢是歷史學家、考古學家、古錢幣學家、博物學家、文化人類學家。其一生極富傳奇色彩，亦堪爲其時學界之一怪。他以自學出身，考入清華國學研究院，得王國維等親炙，後以考古學家和歷史學家鳴世，著述頗豐，且是學界中的組織者，但以其所論多怪异，研究方法又不同常人，加上他後來離開大陸，于是更爲人所罕知。

中國考古小史目錄

附錄

李序

嚴格的考古學在我國雖是很近的一種發展，舊學中卻有它很厚的根基。要沒有宋人收集古器物的那種殷勤，清代小學的研究就不會有那種樸實的貢獻。甲骨文的發現，適在清代古文字學隆興之後，兩相銜接，中國一切舊學因此就闢出來一個新的途徑。由此而注意發掘及文字以外的考古資料，只是向前進一步的事，可謂一種應有的趨勢。再加以自然科學的影響，現代化的考古學就應運而生了。

現在我們只是起首作這種工夫，好些研究的組織，尚不十分完備，那是不可諱言的。但近十年來，所得的材料已不少了。衞聚賢先生現在把關於這類的事實，彙集起來，作了一個節略；並將相關的出版品，作個總介紹；冠以阮芸台、梁任公、王靜安三篇考古的著述，成中國考古小史一本；使讀者一閱而知中國考古學的重要事實，是很值得我們感謝的。因為之序。

李濟二十年，十一月，二十日。

附白

本書係去年脫稿，商務印書館已定約付印，嗣因增加材料，乃將原稿取回。這時我要到上海國立暨南大學授課，擬到後將稿交去未即付郵。但不久滬上發生戰事，我遂回太原。前日來滬，往詢商務印書館印書的情形，昨接到宙字第五一四號函云：

「……尊著古史研究第一二集國語明故宮發掘的報告歷代建都於南京的貨幣各書，據查古史研究第一二集，已於戰前數日出版，唯存書均已被燬無存，其餘戰前正在排印，已同遭國難矣，至爲痛惜。中國考古小史一書，戰前既有成議，自當照常收印，俟尊處修改完畢，即請寄下……」。

我在商務印書館所印的五種書，均殉國難，本書未即付郵，幸得存在！在未接到商務印書館的信以前，我已在持志學院授考古學，乃以此書作爲考古學講義，現商務印書館來函索稿，當將此講義修正，以作國難的餘存！

二十一年十月十日補記於眞茹暨南大學。

自序

欲研究人類進化的程序，是要把過去的歷史整理清楚。整理歷史的方法，可分爲三個步驟：

一、書籍的整理；

二、考古的工作；

三、蠻族情形的探索。

現在單就考古方面言，在中國目下是很需要的，因爲書籍多將神話與事實混合，致使上古無信史可言由書籍的整理，學術上曾開了一次戰爭，但彼此都跳不出書本上的圈子，故考古的工作一時很爲摩登；考古的過去是些甚麽現象？我想一定有不少的同志，要囘頭一望。我就趕快寫出這個中國考古小史以應時需。

中國的考古可分爲四大期，春秋戰國爲寶貴期，漢至唐爲祥瑞期（除梁），宋至近代爲研究期（除元明），現在爲發掘期。玆分言於左：

（1）寶貴期

中國在春秋戰國時，有不少的爲着古器物而發生戰爭，是已視此古器物爲『重器』，在阮元的商周銅器論（見前）已說明了。

（2）祥瑞期

新垣平僞造古器物埋藏汾陰，詐謂漢文帝說：『周鼎亡在泗水中，今河溢通泗，臣望東北汾陰直有金寶氣，意周鼎其出乎？兆見不迎則不至』。漢文帝聽其說，『於是使使治廟汾陰，南臨河，欲祠出周鼎』（史記封禪書）至漢武帝元鼎元年，『得鼎汾水上』（漢書武帝紀），乃爲改元『元鼎』；至元鼎四年六月在后土祠旁得鼎，乃『見於祖禰，藏於帝庭』（漢書郊祀志）。後世因以得古器物爲祥瑞，故多載於符瑞志（宋書）祥瑞志（齊書）中。

（3）研究期

古器物而爲學者研究，不自宋始，不過宋代甚發達，特爲人所注意。東漢許愼作說文以『郡國往往於山川得鼎彝，其銘卽前代之古文』（說文序），已知利用古器物上文字。晉時汲冢偶出大批古書，曾『付祕書校綴次第，尋考指歸，而以今文寫之』（晉書束皙傳），作過整理的工作。至南朝梁時始有學者從事研究，陶宏景著有刀劍錄，自夏啓至梁武帝共七十九器，虞荔著有鼎錄，除第一條爲『皇帝』外，自漢景帝至王羲之共七十二器，此二書均近詳遠略，當非僞造。四庫全書提要集古錄金樓子著書篇有碑集十帙百卷，以爲是『金石文字之祖』。隋書經籍志於石經下注梁石經若干卷。按南京一帶梁代陵墓前華表有反刻倒讀文字，是爲發明搨石技術的所始（熹平石經立『摹寫者……塡塞街陌』——後漢書蔡邕傳。尙不知搨）。宋至近代，梁任公先生的中國考古之過去及將來，王靜安先生的近二三十年中中國新發見之學問已說明了。

過去的考古，千端萬緒，難以撮要敍述，故取前人成說。如阮元的商周銅器論，自商周至唐，將歷代出現的古物，說了個大概。接着梁任公先生在中國考古之過去及將來將自宋至近代的考古撮要敍述。又接着王靜安先生在近二三十年中中國新發見之學問，將近二三十年的考古說的很詳。梁先生的文補阮氏的不足，王先生的文補梁先生的不足，三文並列，中國過去的考古可知大概。

（4）發掘期

前人研究古物，可說是一種『金石學』，或『古器物學』。現代的考古，卽西人所謂『鋤頭考古學』(Archaologie Des Spatens)，注重在發掘。研究動物學的人，若是在爾雅釋獸上找材料，不如到博物院動物標本室去看；在動物標本室看死的動物，不如到深山曠野看活的動物，知道牠生活的狀況。考古學也是這樣！看拓片照片，和在釋獸上找材料一樣；到古物保存所去看，和到動物標本室一樣；若能到田野作發掘的工作，就和到了深山曠野中看動物，知道古物共存的現像，遺址的情形，由地層而觀其時代。是發掘非常重要，故本書對此部分特爲注意。

發掘是一件很難的事，我年來作考古工作，從經驗上知道（一）考古時非有大批人員不可。除地質、測量、攝影、繪圖各專家外，應有一美術家用石膏將遺址作爲模型，因照片繪圖，只能知其大概，而此遺址發掘過卽毀，非參加工作人不能知其究竟。並有人類學家古生物學家，遇見人骨鳥獸骨時從遺址中由專家取出，勿使其次序失亂，不要此處取一頭，彼處取一腿，取其不同的以爲就可代表一切。（二）發表報告，至少須分兩期，第一期報告發掘情形，第二期再根據第一期報告的事實作對於本遺址遺物的推論，不宜將報告與推論放在一處，將與自己推論合的報告詳一點，與自己不合的，略爲不記，未參與工作的人不知其情形，免埋沒及僞造證據的嫌疑。（三）與外人合作，條件應愼重職權詳爲分明費用若全由外人負擔，要有預算，在預算以內，不得中途停付團長須由中國人擔任；起初條件訂的不詳細週到，到了工作時發生問題，牽扯就大了。

考古學以甚麼爲圍範？我國古物保存法第一條『本法所稱古物，指與考古學歷史學古生物學，及其他文化有關之一切古物而言』，以古生物包括在內。法人達毛根(De Morgan)在他所著的考古學研究的目的及方法(Les Recherches Archeologique, Ieur But et Leurs Procedes P. 3)說：『考古學研究的分野，包括自人類出現以後，以至現在，人文過程的全部，』以人類學包括在內。日人濱田耕作在他著作考古學通論頁一四說：『以有人類物質的遺物，自文獻不全備時代起……所謂古代史的部分，及有史以前的部分，爲考古學最可盡力的領域』。我以爲考古學的範圍，自人類會使用器物時始，至其器物爲現在社會普通看不見止。故本書對於自周口店始石器時代至明故宮的發掘，介紹的特爲詳細。古生物已出於考古學範圍，但我國古物保存法已有明文規定，故將古生物在中國近十年來的總成績，採葛利普博士的中國之古生物學一篇，列於考古發掘之首，以符法令，而使知其大概。至於美人安竹思（Hapman Andrews）在蒙古發現恐龍卵等，不另列章，而附於外人在中國考古成績及糾紛中。若因考古發掘而連帶得到的人骨鳥獸骨等，則列在各遺址的『遺物』一項中。

此書之作，關於發掘所得的古物，除已陳列者外，尚在整理中的，承特別允其參觀；並承將未發表過的照片借印。西陰村、殷墟、城子崖的李濟之、梁思永、董彥堂，西北科學考察團的黃文弼，周口店的裴文中，燕都的馬叔平、莊尙嚴，晉塚的胡肇椿，與安特生同行的白萬玉，這幾位先生，均曾將他們考古工作情形見告，並承陸懋德、劉子植、王靜如、高遠公、姚達人、丁迪豪、袁允中、黃毓甲、王韜温、應楷諸先生指正討論幫忙，這是我一幷感謝的。

一九三一，一二，二九，記於北平後百戶廟住宅。

中國考古小史

一　前人對於考古史的論文

商周銅器論

阮元

三代時鼎鐘爲最重之器，故有立國以鼎彝爲分器者，武王有分器之篇（書序武王封諸侯班宗彝作分器，）魯公有彝器之分（左傳定四年，分魯公官司彝器，分康叔大呂，分唐叔姑洗，皆鐘也）是也。

有諸侯大夫朝享而賜以重器者，周王予虢公以爵（莊二十一年鄭伯之享王也，王以后之鞶鑑予之，虢公請器，王予之爵，鄭伯由是惡王……）晉侯賜子產以鼎（左昭七年，晉侯賜子產莒之二方鼎）是也。

有以小事大而賂以重器者，齊侯賂晉以地而先以紀甗（左成二年，）魯公賄晉卿以壽夢之鼎（左襄十九年，公享晉六卿，賄荀偃束錦加璧乘馬先吳壽夢之鼎，）鄭賂晉以襄鐘（左成十年，鄭子罕賂晉以襄鐘，杜注鄭襄公之廟鐘，）齊人賂晉以宗器（左襄二十五年，杜注宗器祭祀之器，）陳侯賂鄭以宗器（左襄二十五年，）燕人賂齊以斝耳（左昭七年，）徐人賂齊以甲父鼎（左昭十六年，）鄭伯納晉以鐘鎛（左襄十一年，亦見晉語）是也。

有以大伐小而取爲重器者，魯取鄆鐘以爲公盤（左襄十二年，）齊攻魯以求岑鼎（呂氏春秋，齊攻魯求岑鼎，魯君載他鼎以往，齊侯弗信，又見說苑新序）是也。

有爲述德儆身之銘以爲重器者，祭統述孔悝之銘，叔向述讒鼎之銘（左昭三年，）孟僖子述正考父鼎銘（左昭七年，）史蘇述商衰之銘（晉語）是也。

有爲自矜之銘以爲重器者，禮至銘殺國子（左僖二十五年，）季武子銘得齊兵（左襄十九年）是也。

有鑄政令於鼎彝以為重器者，司約書約劑於宗彝（周禮秋官），晉鄭鑄刑書於刑鼎（左昭六年又二十九年）是也。

且有王綱廢墜之時，以天子之社稷，而與鼎器共存亡輕重者，武王遷鼎於洛，楚子問鼎於周，（左宣三年）秦興師臨周求九鼎（戰國策）是也。

此周以前之說也。

自漢至唐罕見古器，偶得古鼎或至改元稱神瑞，書之史册，儒臣有能辨之者世驚為奇，故說文序曰：「郡國往往於山川得鼎彝，其銘卽前代之古文」是也。

今略數之：

則有漢元鼎汾陰得寶鼎（漢書元鼎元年夏五月得鼎汾水上），四年六月得寶鼎后土祠旁（漢書武帝紀又郊祀志），宣帝時美陽得鼎獻之，張敞辨之（郊祀志敞釋文曰「王命尸臣，官此栒邑，賜爾旂鸞黼黻琱戈，尸臣拜手稽首曰，敢對揚天子丕顯休命。」鼎小有款識，不宜薦於宗廟。元按此銘，乃漢書約記張敞之言，非銘全文也。）永平六年王雒出寶鼎（漢書明帝紀永平二年六月，王雒山出寶鼎，盧江太守獻之。詔陳鼎於廟，）永元元年竇憲上仲山甫鼎（竇憲傳和帝永元元年九月，竇憲伐單于，遺憲古鼎，容五斗，其旁銘曰「仲山甫鼎其萬年子子孫孫永寶用。」元按漢人習隸罕識籀文，此銘亦約辭，非全銘之體。）

吳赤烏十二年寶鼎出臨平湖，又出鄮縣。

宋元嘉十三年武昌縣章山出神鼎二十二年新陽獲古鼎有篆書四十二字。泰始五年南昌獲古鼎，容斛七斗。七年義陽郡鼎受一斛，皆獻於朝（並見符瑞志。）

唐貞觀二十二年遂州涪水中獲古鼎，旁有銘刻。開元十年獲鼎，改河中府之縣名寶鼎縣，十二年后土祠獲鼎二，大者容四升，小者容一升，色皆青。十三年萬年人獲寶鼎五獻之，四鼎皆有銘（銘曰「垂作尊鼎萬福無疆子孫寶用。」元按此銘文亦不全。）二十一年眉州獻寶鼎，重七百斤，有篆書。天寶元年平涼獲古饞鼎獻之。元和二年詔以湖南所獻古鼎付有司，重一百十二斤。咸平三年乾州獻古銅鼎，狀方，四足，上有古文二十一字。（直昭文館句中正與杜鎬詳其文曰「維六月初吉，史信父作鬵甗，斯萬年，子子孫孫，永寶用。」以上皆見正史及會要。

此自漢至唐之說也。

北宋以後，高原古冢搜獲甚多，始不以古器爲神奇祥瑞，而或以玩賞加之，學者考古釋文日益精核，故考古圖列宋人收藏者，河南文潞公，廬江李伯時等三十餘家，士大夫家有其器，人識其文，閱三四千年而道大顯矣。

古之器余不得而見，余今所見之器不知後人之能見否也？且又安知後千百年新出之器爲今所未見者不更多也？

是宜以周以前，唐以前，北宋以後，三者分別論之。

（上文錄自阮氏積古齋鐘鼎彝器款識序。）

中國考古學之過去及將來

梁啓超

我不是考古學的專門學者，實在不配講這個題目，但是因爲萬國考古學會會長瑞典皇太子殿下，光臨敝國同人爲表敬意起見，囑我把中國考古學之過去及將來稍爲講講，表示歡迎之意，我勉強把我所知道的略說幾句，恐怕有許多錯誤的地方，還望各位原諒，並請各位指教！

考古學在中國成爲一種專門學問，起自北宋時代，約當西曆十十一兩世紀那個時候，中國的印刷術，已經發明了，而且很進步。中國還有一種專門技術——搨本，把紙蒙在古器物上頭，能夠把上面的文字花紋及其他模形都摹印出來，這是宋朝以前早經發明的，一般學者對於古器物的研究便利了許多，而且這種知識可以普及；所以在那個時代，有幾部很有名的著述，到現今還存在。

一、當時大政治家兼大文學家歐陽修的集古錄（四庫總目稱嘉祐六年成書，即一〇六一年），是書搜羅許多銅器刻文石器刻文，有些是他自己所收藏的，有些是他自己所親見的，通通摹寫上去，還加了許多考證。

二、趙明誠及其夫人李清照（中國女子會塡詞的第一個女文學家）合著的金石錄（四庫總目稱紹興中，一一三一——一一六一表上於朝，）是書體例與歐書大致相同，不過搜羅更較完備得多。

三、薛尚功的鐘鼎彝器款識（據曾宏文石刻補敍以紹興十四年卽西曆一一四四年鐫置公庫，）是書專限於鐘鼎文，與歐趙兩書不一樣。歐趙兩書石刻多鐘鼎少，是書石刻少鐘鼎多，而且鐘鼎原器的款識，照原樣摹寫出來，是這書特色。

四、王象之的輿地記勝（自序作於嘉定辛巳，卽西曆一〇四一年，）這是一部地理書，一地方之後，附錄輿地碑目，對於石刻所在的地方，載得很詳細，爲後來分地研究古物的先導。

五、聶崇義的三禮圖（四庫總目稱宋太祖時詔頒行世，九六〇——九七五，）是書專畫古代器物的圖形，自祭祀的器物，常用的器物，以至衣服宮室，應有盡有。雖然不能說全都依照原物摹畫，但每樣都是用過一翻很細密的工夫去考證，然後才描出來的。

六、李誡的營造法式（自序稱宋元符三年作竣，卽西曆一一〇〇年，）是當時一種建築術，不過對於古代的宮室考據得很詳。

七、呂大臨的考古圖（四庫總目稱成於元祐壬申，卽西曆一〇九二年，）是書係將古代鐘鼎彝器，按其狀況，令良工繪畫，不失毫髮；縱有文字脫落的器物，仍將式樣繪出保存。收藏人的姓名，皆載在圖說的頭上，或標目的下方。銘識古字凡有異同的，都加以訓釋考證。有不識得的，都附在卷末以示存疑。

八、王黼的宣和博古圖（四庫總目稱作於大觀初，即西曆一一〇七年，）是書搜集歷代自鐘鼎至弩機等共七百十七件，鑑一百一十三件，共八百三十件，所收皆天府藏器，由皇帝及精通籀學之士，共同討論訓釋。考證雖非盡善，形模一點不差；音釋間或有錯誤的地方，字畫完全仍舊。後代的人，可以根據他的圖畫，考知古代鼎彝的狀況及文字。所以是書在考古學上，很有價值。是書從前極難得，現在才印出來，我打算送瑞典皇太子殿下一部。

從上面八種書看來，可知在北宋時代，這們學問極其發達，假使能夠繼續發達下去，到現在不知道進步到什麽程度了。可惜南宋中葉約當十二十三兩世紀（一一一七——一二七五）以後降至元明兩代，學風丕變，學者趨重玄談方面，講哲學的人很多，對於這種事業，不大注意，所以衰微下去。到清初又重新恢復起來，乾隆中葉西曆一七六五年前後，漸漸有人注意了，還不很盛，我們看四庫全書總目，關於金石書籍，不過五十八種，金石目三十六種，存目二十二種。

由乾隆中葉以後，直至現在，一百五十年間，這種學問有很猛烈的進步，而且分科研究一天精密下去。著名的學者，已故的如阮元、翁方綱、王昶、孫星衍、錢大昕、瞿中客、李宗瀚、吳榮光、鮑康、陸耀遹、黃易、陳介祺、吳式芬、劉心源、吳大澂、王懿榮、端方、吳雲、潘祖蔭、武億、嚴可均、張廷濟、李遇孫、劉喜海、徐渭仁、楊守敬、畢沅，現在如羅振玉、王國維、馬衡，這些都是很著名的考古學家，此外還很多，不必細舉了。

這一百五十年來，關於考古的著作，數目增加，實在可驚，據我所看見過，認爲很有價值，已經成書的，不下四百種；此外散在文集裏的單篇關於一部分的考據那種文章，更不計其數。這類著作，大都依着歐趙薛諸人的規模，不過編製較爲精審，分科亦很細密。或將器物的文字全數錄出；或將器物的原形照様摹寫；或劃分種類，專編目錄。在目錄中，記年代，記地方，記何時出土，何地發現，或已失去，或尚保存，諸如此類，記載得很爲詳細。

有許多著述，專記一個時代，如像兩漢金石記之類；不止兩漢，歷代都有有許多著述，專記一個地方，如兩浙金石錄之類：地方的分類，有分到極細，專記一縣的。還有許多著述專記一種金石，或專記所刻書籍，或專記鐘鼎，或專記古錢，或專記古印章，分門別類，樣樣都有。所以近百五十年來，這種進步實猛烈，回看北宋時代的著述，反覺得很幼稚了。

我把他們所研究的對象，用來作分類的標準，大概可分四大類：

甲、石類，

乙、金類，

丙、陶類，

丁、骨甲及其他。

以上所分四類物，略加說明：

甲、石類　在中國考古學中，以這類爲最大部分，資料極其豐富。現今所存的石刻最古的要算周宣王（西元前八二七至七八八年）的石鼓了，鼓共十四，有一個毀去半邊，現陳列在北京孔廟的大門內。其次要算秦始皇時候（西元前二四六至二一〇年）的六個紀功碑，分擺在直隸山東浙江等地方，可惜現在六個碑都已佚了，祇有山東泰山那塊碑，還剩下十個大字，存放在泰山絕頂上一個古廟中。西漢前一世紀的石刻，留傳得很少，現存的不滿十種。東漢（後一二世紀）以後，漸漸多起來；降至六朝隋唐（三、四、五、六世紀）那就多極了。近代的石刻，現今研究這派學問的人，以爲價值甚小，沒有多大注意；研究的集中點，還是在唐朝以前那個時代。這種石刻，主要的部分，可以分爲下列數種：

一、石經　漢熹平，魏正始，唐開成，五代時的蜀國，宋嘉祐，南宋高宗，清乾隆，都有石經；漢魏蜀石經都已亡佚了，不過留下些斷片。現存的石經，在陝西西安府學內有唐朝開成時代（西曆八三六至八四〇年）所刻十二經。在北京國子監內有清乾隆（一七五〇年後）所刻十三經，這都是儒家經典。此外佛家石經在山東河南等處磨石而刻的很不少。現存最大部的是離北京西北七十里，有個大房山，裏邊有七個洞，把五千卷的佛經，都用二千三百餘塊大石頭刻起來，始於北齊迄於遼，前後費了四百年的工作，然後刻成。

二、紀功紀事碑　或記載某時代，某種功德，或記載某種大建築，或記載某人的事業；有的是起一個亭蓋上他，有的是放在大建築的院子裏或其他地方。

三、墓誌銘　這種東西，都是行葬禮的時候用的，埋在地下，墓誌銘上面，記載墓中人一生的事業，一生的經營。

四、造像　此類作品，以六朝隋唐間（二、四、五、六世紀）最多，因爲那時佛教很盛，所以刻佛像的風氣很盛行，到現在留傳下來不少。

五、石畫　或者畫在大建築內，或者畫在墳墓中，或者畫在橋梁下；大概一種故事，有的刻旁的花紋，表一種象徵的意思。

上述五種，不過略舉梗概，其他刻石的東西尙不少，或在井上，或在橋上，常常有許多刻石，留傳下來；不過講石刻的大宗，仍要算前面那五種，尤以墓誌銘及造象爲最多。因爲墓誌銘埋在地下，所以陸續出土；每年出土多少現在雖無統計，但遲一年，就多一年。又因造象刻在懸崖上很高的地方，比較不容易損壞，藉此保全下來的很多。這些石刻我們都用特別的搨本技術，摹搨下來，一個學者，儘管坐在屋內，仍可搜羅完備；所以研究這門學問，很爲方便。

他們研究的成績，有下列幾項：

一、因爲這種石刻歷代都有，所以要研究歷代文字的變化，可以看得很淸楚。而且中國人，以寫字當做一種美術看待，許多有名的字都可保全下來，所以要研究一時代一時代的書風，亦可以看得很淸楚。

二、許多古書，傳下來的文字，有錯誤或異同的地方，在各時代的所刻的石經，或石碑及墓誌銘所引經典，都可以用來作爲校勘的材料。

三、許多過去的歷史事蹟，有遺漏的加以補充，有錯誤的加以改正。關於歷史上事蹟的考證，這種工作，爲這派學者最用力的地方，材料亦很豐富，成績亦很優良。

四、很古代的畫，沒有法子找尋，但漢代以後的石畫，還可以略窺端睨，因爲有這種石畫，可以看出漢朝以後的畫風，而且在他們所畫的東西上，可以看出當時的器物及衣服；又在他們所畫的故事上，可以看出神話的心理。

五、還有一種造象，可以看出一時代一時代雕刻的變遷；他們所造的象，又因時代而不同，歷代信仰的變遷，亦可以由此看出來。

六、還有許多特別的石刻，可以因之看出外來宗教之派別，就是已經衰微之宗教，亦可追尋出來。如景教流行中國碑具載基督教的一支流行中國的原委，下段附有敍利亞文，尤爲世界所罕見。又如開封挑筋教所立寺，有明正德六年（西一五一一年）佚碑，可證猶太教入中國之久。

七、還有許多邊界刻石，如東部的丸都紀功刻石（魏正始間），新羅眞興王定界碑（陳光大二年，）平百濟碑（唐顯慶三年；）西部的裴岑紀功石刻（漢永和二年，）姜行本紀功碑（唐貞觀十四年；）北部的苾伽可汗碑（唐開元二十三年；）南部的爨寶子碑（晉大亨四年）等等，可以看出外族與中國交涉之事蹟，有助於考史最大。

八、前述的景教流行中國碑，載基督教傳入中國的事蹟。而九姓迴鶻紀功碑（中突厥粟特三體，）又載摩尼教所以由中國輸入回紇的原故；可以說明東西文化的關係。其餘唐蕃會盟碑（中回兩體，）闕特勒碑（中突兩體。）可以看出西域爲東西媒介中國文化之重要。

九、許多已經死去的文字，靠這種石刻，我們可以再讀。如居庸關城門洞內，刻了許多畫，還帶着六種文字，近人考訂一爲漢文，二爲西夏文，三爲蒙古國書拔合思巴體，四爲畏兀吾文，五爲梵文，六爲藏文。他如莫高窟造象記其字跡及年代，亦與居庸關刻石大致相同。西夏文字蒙古國書等文字，因爲與梵文漢字並列，可以復活認明出來。

十、有許多很奇怪的刻石，記載契約條文，在內地各省，這種買賣田地的契約，現在發現者很多，可以看出古代民法實在情形。如長慶會盟碑用中藏兩國文字，刻出雙方所訂條約的原文，可以看出當時國際交涉的法律。又此種碑刻有當時官名人名的音譯，可以看出唐時的古音。

上面所舉十宗，不過簡略的表明，做這種工作，對於歷史上及文化上補益很大。同石刻相類的東西，還有一宗，現在已經成爲專門的研究，就是玉。因爲中國用玉用得很古，而且所刻花紋很多，可以用玉的式樣及花紋，來定他的時代，亦於考古上有關係，這是要附帶申明的。

乙、金類　金類的東西，包括銅鐵兩項，而以銅爲主體，因爲鐵器容易壞，所以存者不多，銅器比較堅牢，能夠耐久，所以留傳者極多。最古的銅器，有三代時候的東西，下至秦、漢、魏、晉、隋、唐無代沒有；以前的人，不肯十分注意，所以出土的東西散佚者甚多；近來對於古物的興趣增加，鑑別的能力，搨印的本事，亦遠非前人所能及，散佚的就比較少了。這類器物，主要的部分，又可以分爲下列數項：

一、鐘鼎文　在夏殷的時候鑄造鐘鼎之風盛行，所以這類器物很多。最主要的，就是祭品，有作祭禮用的，亦有作陪嫁用的，古代很看重這種東西，所以說「君子雖貧，不賣祭器。」我們看春秋時代，許多戰爭同媾和，都以這種東西作條件，所謂「遷其重器」這類事實，異常之多。古代的鐘鼎，陸續出土，陸續喪失去了，我們把宋代歐趙薛三書所載合算起來，有六百四十三件（根據羅振玉雪堂叢刻所列）其中存留者極少。但後代陸續出土的爲數很多，清代著錄所存，共有二千六百三十五件（根據雪堂叢刻）這些都在民間，宮庭中所藏，尙不在此數，想來還要多些；武英殿文華殿及故宮博物院各有一部分，目錄還未編好，此刻尙不能盡舉其數。這種東西十之八九在孔子以前。文字很難讀，現因學者努力的結果，幾乎全部可通了；關於研究古代文字的變遷，研究中國文字的源流，這是極重要的資料。其中文字比較簡單者多，約佔十之八九；長篇者少，約佔十之一二。我們因爲能讀這種文字，對於孔子以前的歷史可以校正許多；對於歷史上的大事，可以補充許多。還有一般社會上的經濟狀況，或民法方面契約，很可以在裏邊看出一部分來。所以近六七十年研究金文的功作，比研究石刻更努力，而且研究金文的效果，比研究石刻更多。

二、古錢　古錢的研究，在考古學中由附帶的研究，變爲獨立的專科了，現在搜羅古錢最豐富的人，不同樣的錢，在七千種以外。據說最古的，有五千年以前的東西，這話我雖不相信，但減少一點說，三千年或者二千五百年的錢，當然是有的。我們看那種古貨幣，卽中國古代交易媒介物，可以推測到那時的經濟狀況。中世近世以後，一時代有一時代的錢，每一皇帝卽位，另鑄新錢，所以看這種錢，質之美惡，量之大小，工作之精粗，各時代的經濟狀況，都可由此看出。還有他們收羅古錢的人，對於外國輸入的貨幣，亦很注意；不特可以看出本國的經濟狀況，並且可以看出四圍外族同我國貿易狀況。

三、度量衡　現今所存的古度量衡，有秦權，秦量，漢建初尺，新莽始建國尺，晉前尺，漢量，漢鍾，漢鈁，漢斛。中間除權是金石並用外，其餘都是金屬，我們可以看出歷代度量衡的變遷。最重要是尺，因爲漢尺晉尺，可以推算周尺是怎樣，所以研究古器物，古模型，可以得精確的標準。譬如研究古樂器，一面得着晉前尺，一面又得晉的笛譜，我們可以根據尺，依着譜，做晉朝的笛子，與晉人作的一樣。

四、古印　古印有官印私印兩種，現今收藏古印，亦成爲專門學問了，收藏最多的人，種類在一萬以上。對於這種可以看出古代官名，史書上不載者，印裏邊得着很多，地方名字有更改者，亦可由古印中考出。這些都是主要的用處。還有一種附帶的用處，就是中國人把刻印看爲美術的一種，刻圖章的人因爲古印的發現，有所觀摩，藝術因而有大大的進步了。

五、鏡　中國古代無玻璃，都用銅鏡，直至唐宋，銅鏡還是很盛行，元明以後，漸漸消滅了，現在搜羅銅鏡的人，種類不同者很多，因爲沒有統計，一時舉不出數目來。我們研究銅鏡，看牠的花紋，一時代與一時代不同，鏡上所刻動植物，亦不一樣，可以看出雕刻風的轉移，亦可看出中國同外族往來的狀況，因爲受外族的影響，技術上有很大的變移。

這五樣爲銅器的大宗，此外零碎的東西很不少。如兵符，秦有虎符，唐宋有魚符，從前調兵兩地分符，一半放在地方上或將軍身邊，一半放在皇帝那裏，要調兵時，把這一半拿去合那一半去。符的制度和形狀，一時代與一時代不同，拿來研究，很有趣味。又如殷周的瑚戈及矢鏃，或有文字或無文字，將各種兵器作時代的比較，很可以看出一部分戰爭的情形。後代兵器用鐵，鐵難保存，所以毀壞了的很多，然銅的戈矛箭鏃，尙有一部保存。再加漢魏晉間的弩機，其構造又與前代迥異，亦爲考究古代戰爭情形的好資料。

丙、陶類　陶器可以分爲兩大時代，就是近代的磁器與古代的陶器，近代磁器另外是一種專門學問，屬於美術方面的研究，此處可以不講。古代陶器又可分爲古陶，磚瓦，模範，明器數種，在考古學上，以前兩種關係最大，後兩種關係較輕。

一、古陶　磁器以前的古陶，近來陸續出土的很多。山東方面從前齊魯的地方及直隸明州，新出土一種陶器多屬鐘類（樂器）鐙類（祭器）及壺類（酒器）。大都破碎，全整者甚少。上面刻有文字，不與普通鐘鼎文字相同，近人考訂爲戰國時文字，有地名，如某某里；及工人名，如某某人。惟不能認識的字還很多，這類陶片，正在研究中，將來能夠完全認出來，一定於考古上幫助很大。此外秦時的度量衡，亦有用陶器做成的，上面有文字者，尚可識別。

二、磚瓦　最古的瓦，可以上溯到秦朝，戰國時候的秦人所用的瓦，現今尚可覓得，西漢時代，瓦最多，其上間或印有年代，所以一望而知；至於磚，那更普通了，歷代大建築所用的磚都有文字，並標明年代，現代搜羅這種古磚，已漸漸成爲小小的專門學問了。

三、模範　古代鑄器物所用的模範，現今尙有一部保存。最主要的，就是貨幣的範。漢代的範。間或可以尋得的後代的範，則很普通。還有最初製造活字板的範，留傳的亦很多，最古的可以上溯至五代。範的搜集，與磚瓦一樣，亦成爲專門研究了。

四、明器　明器是死者殉葬所用，如俑之類，近來出土的很多，我們看俑的樣子，及所穿衣服，裏邊很有研究的餘地，近代出土的明器，以六朝及唐爲最多，服妝有點與西洋人相仿佛，面貌亦深目高鼻，不似漢人模樣，可以看出古代中西交通的痕跡，可以看服妝上所受的影響。其他的器物，奇怪者頗多，爲研究古代社會風俗的絕好資料。

丁、骨甲及其他　自漢以來，一般學者，對於三代知識，率皆模糊，不甚了解，各種緯書又多怪誕不經的學說，難以憑信，自有骨甲出土，然後殷朝事蹟漸有一部明瞭。又西域方面，向來認爲無甚文化可言，自有竹簡發現，然後西域對於中國的關係，逐漸認爲重要，以下分爲兩段，略加解釋：

一、骨甲　考古學界，最近有一種很大的興奮，就是光緒二四、二五兩年（西曆一八九八至一八九九）在河南安陽縣治西五里，卽殷墟，出土一大批的骨甲，現在流到歐洲去的很多；中國方面，則羅振玉劉鐵雲搜羅亦不少。這種東西，初出土的時候，大家不知道作什麼用，文字亦難識別，後來經幾個大學者努力研究的結果，總算認得大半。於是中國小學界——卽文字學，起一大革命，從前臆斷許多造字的原意，臆斷錯了的，都可以得相當的改正。還有許多歷史上重大事實，古書上記載太略，令我們看不懂的，或者認爲很荒唐的，都可以得相當的補充及證明。這種東西，孔子所不會見的，我們居然看見了；孔子所不知，我們知之；孔子說錯了，我們校正。此外則古代的社會風俗、制度、心理，亦可推想許多出來。關於這種文字的研究，現尙在進行中，我們希望再加努力，果能全部認出，所得當不只此。

二、竹簡　自從英人斯坦因（Stein）往西域考查古物，於新疆及中亞細亞一帶發現許多竹簡，就是所謂「流沙墜簡」，這種竹簡大概都運往歐洲，歐洲人到是很有研究。我們看竹簡上的記載，與中國有關係的地方很多，最古起兩漢，最近到六朝，綜合研究，一面可以多了解西域情形，一面可以多了解當時的制度風俗。

石類，金類，陶類，骨甲及其他，這四大類，不過舉其重要部分；據我感想所到，略說幾端，其他還很多很多，我不是專門家，用不着多講。總計近百五十年來，因爲努力研究的結果，進步很快；雖然所用方法，不過是中國舊有的老法子，在學問上的貢獻，已經不少了。中國考古學界過去的情形，大致如此。

不過據我看來，考古學還是很幼稚，前途可以發展之處正多，應當努力之處亦不少，從今後，應當本着兩個方向，往前工作去。

第一個方向是發掘，從前這種古器物的出土，都是碰機會，偶然發現出來，寶貝已經很多了；往後要進一步，作有意識的發掘，這類工作，中國完全沒有；近來歐美學者，到中國來作有意識的採掘，成績很佳；於是中國學者，亦感覺有自動採掘的必要。假使中國眞有採掘學者，眞心要想採掘，下列幾個地方很可以値得注意。

一、新疆　近來歐美學者，在新疆方面很用功，已經有很好的成績了，不過據我看來，蘊藏尙富，可以採掘的地方還很多；因爲那邊是沙漠，變遷劇烈，一個古城極容易被風沙湮沒下去，漢書西域傳與唐書西域傳不同，唐書西域傳又與今日的西域不同，其中的原故，可想而知。假使有具體的計畫，大規模的用功，將來所得古物，一定比今日還多幾十百倍。

二、黃河上游　黃河上游一帶古代人多穴居，直到現在，此類穴居的人，還是不少。那邊土質又疏鬆，容易奔裂，我們想像這帶地方湮沒下去的城市廬舍人畜，一定不少，所以可以發掘的地方，一定異常之多。

三、黃河下游　因爲歷代的黃河常有潰決的禍患，所以沿河兩岸湮沒的地方不少。最大的證據，即如民國八年（西一九一九）在鉅鹿地方發現一所古城，位於今城下面數丈裏邊，有宋朝徽宗大觀二年（西一一一一年）的石刻，可知是大觀以後湮沒的，我們得了這所古城，好像意大利得着潘沛依（Pompii）一樣，古代的風俗制度的狀況，以及其器物技藝的變遷，都可以看出來。黃河下流，被湮沒的城，決不止這一個，將來作有意識的發掘，一定還可以發現很多。

四、古代墳墓　極古的墳墓，還有許多的的確確知道在什麽地方，不過中國以發墳爲不道德，養成風氣，難以驟改，將來慢慢改變過來，則有名的墳墓，都可以次第發掘了。民國五年（西一九一六年）在廣東發現南越王趙胡的墳，其中有各種古物，可惜都四處散失了……

此外古代的大城名都，或經兵燹廢爲故墟，若用人力稍爲採掘深一點，可以得出很多古物來。不過這種事業很不容易舉辦；因爲經過的地方很廣，鄉下農民又多迷信，阻力一定異常之大，一面要等到教育普及，一面要等到政治修明，才能往下做去；現在衹能培養人才，預備工具，以後碰着機會，立刻可以進行。

第二個方向是方法進步，以前考古學所用的方法，全是中國式，自從歐趙以後，遺傳下來，不過時時有所改良而已。此種方法，好處甚多，然亦不算完全；我們爲希望將來，全國高等教育機關，要設考古專科，把歐人所用方法，儘量採納。

一、舊方法的改良　例如從前利用器物上的花紋文字，以斷定他的年代，這種方法，當然十分精確；不過遇着器物上沒有花紋文字，那就沒有辦法了；今後應當在他的質料形狀色澤上尋出標準，縱然沒有文字花紋，亦可以推定他的年代。

二、新方法的引用　例如有地質學的知識，可以用崖層狀況，以判定時代的早晚；有人類學的知識，可以考出頭顱骨骼的派別；這類科學，於考古方面，直接間接，裨益甚大；我們一面要得前人所未得的資料，一面要用前人所未用的方法，從荒榛斷梗中闢出一塊田園來。

以中國地方這樣大，歷史這樣久，蘊藏的古物，這樣豐富，努力往下作去，一定能於全世界考古學上，佔很高的位置。現今青年學者，很有許多人在這方面做工作，正好全世界考古學泰斗瑞典皇太子殿下，到中國來；我們希望皇太子殿下，與我們以很好的指導，給我們以充分的幫助！必定能够因爲皇太子殿下之來，考古學界，開一新紀元，這就是同人這一點歡迎的意思。

（此文係民國十五年秋，瑞典皇太子來中國，梁任公師在歡迎席上，講演此題，當時用英文發表，此篇由同學周傳儒等所創辦的重華月刊第一期——民國二十年五月出版——抄來。）

最近二三十年中中國新發見之學問

王國維

古來新學問題，大都由於新發見。有孔子壁中書出，（出山東曲阜縣）而後有漢以來古文家之學；有趙宋古器出，而後有宋以來古器物古文字之學。惟晉時汲冢竹簡出土後，卽繼以永嘉之亂，故其結果不甚著；然同時杜元凱注左傳，稍後郭璞注山海經，已用其說；而紀年所記禹益伊尹事，至今成爲歷史上之問題。然則中國紙上之學問賴於地下之學問者，固不自今日始矣。自漢以來中國學問上之最大發見有三，一爲孔子壁中書，二爲汲冢書，三則今之殷虛甲骨文字，敦煌塞上及西域各處之漢晉木簡，敦煌千佛洞之六朝及唐人寫本書卷，內閣大庫之元明以來書籍檔册，此四者之一，已足當孔壁汲冢所出，而各地零星發見之金石書籍，於學術有大關係者，尚不與焉；故今日之時代，可謂之發見時代，自來未有能比者也。今將此二三十年發見之材料，並學者研究之結果，分五項說之：

（一）殷虛甲骨文字　此殷代卜時命龜之辭，刊於龜甲及獸骨上，光緒戊戌己亥間（光緒二十四年二十五年，即西曆紀元一八八八至一八八九年）始出於河南彰德府西北五里之小屯，其地在洹水之南三面環之，史記項羽本紀所謂洹水南殷虛上者也。初出土後（時土人認爲龍骨以治瘡，後乃入古董客之手）濰縣估人得其數片，以售之福山王文敏（懿榮）（聞每字售銀四兩云）文敏命祕其事，一時所出，先後皆歸之。庚子（光緒二十六年，）文敏殉難，其所藏皆歸丹徒劉鐵雲（鶚，）鐵雲復命估人蒐之河南所藏至三四千片，光緒壬寅（二十八年，）劉氏選千餘片。影印傳世，所謂鐵雲藏龜是也。丙午（光緒三十二年，）上虞羅叔言參事始官京師，復令估人大蒐之，於是丙午以後所出，多歸羅氏；羅氏自丙午至辛亥（宣統三年）所得約二三萬片，而彰德長老會牧師明義士(T- M Menzies)（加拿大人）所得亦五六千片，其餘散在各家者，尚近萬片（總計已出土者約有四萬至五萬片，）近十年中乃不復出（且有僞造者。）其著錄此類文字之書，除鐵雲藏龜外，有羅氏之殷虛書契前編（民國元年十二月，）殷虛書契後編（民國五年三月，）殷虛書契菁華（民國三年十月，）鐵雲藏龜之餘（民國四年正月。）日本林泰輔博士之龜甲獸骨文字（民國三年十二月。）明義士之殷虛卜辭(The Oracle Records of the Waste of Yin)（千九百十七年上海利發洋行出版。）哈同氏之戩壽堂所藏殷虛文字（民國六年五月，）凡八種。而研究其文字者，則瑞安孫仲容比部（詒讓）始於光緒甲辰（三十年）撰契文舉例（原稿曾寄劉鐵雲，越十三年丁巳，余得其手稿於上海，上虞羅氏刊入吉石庵叢書第三集。）羅氏於宣統庚戌（二年）撰殷商貞卜文字考，嗣撰殷虛書契考釋（民國三年十二月，）殷虛書契待問編（民國五年五月）等，商承祚氏之殷虛文字類編（民國十二年七月），復取材於羅氏改定之稿（以說文次序排列之，較可據，惟嫌摹畫未眞）而戩壽堂所藏殷虛文字，余亦有考釋（民國六年五月）。此外孫氏之名原亦頗審釋骨甲文字，然與其契文舉例，皆僅據鐵雲藏龜爲之，故其說不無武斷。審釋文字，自以羅氏爲第一，其考定小屯之爲故殷虛，及審釋殷帝王名號，皆由羅氏發之，余復據此種材料，作殷卜辭中所見先公先王考，以證世本史記之爲實錄（且可辨其舛誤）；作殷周制度論，以比較二代之文化。然此學中所可研究發明之處尙多，不能不待於後此之努力也。

（二）敦煌塞上及西域各地之簡牘　漢人木簡，宋徽宗時，已於陝右發見之（僅有二簡），靖康之禍，爲金人索之而去。（按文選任昉薦士表，李善注，張隲文士傳曰，人有於嵩山下得簡一枚，兩行科斗書，人莫能識，司空張華以問束晳，晳曰此明帝顯節陵中策文。）當光緒中葉（千九百年至千九百零一年）英印度政府所派遣之匈牙利人斯坦因博士（M. Aurel stein）訪古於我和闐（Khotan），於尼雅河下流廢址，得魏晉間人所書木簡數十枚，嗣於光緒季年（千九百〇六年至千九百〇八年），先後於羅布淖爾東北故城，得晉初人書木簡百餘枚，於敦煌漢長城故址，得兩漢人所書木簡數百枚（原物均歸英國博物館收藏）皆經法人沙畹教授(Ed. Chavannes)考釋，其第一次所得，印於斯氏「和闐故蹟」(Sand-Buried Ruins of Khotan)中。第二次所得，別爲專書，於癸丑甲寅（民國二三年）間出版。此項木簡中有古書（蒼頡篇急就篇等）曆日方書，而其大半皆屯戍簿錄（又有公文案卷信札等）於史地二學關係極大。癸丑冬日（民國二年），沙畹教授寄其校訂未印成之本於羅叔言參事，羅氏與余重加考訂，幷斯氏在和闐所得者，景印行世，所謂流沙墜簡（民國三年四月出版）是也。（此外俄人希亭 Hedin 亦有所得，又日人大谷光瑞所得有「西域圖譜」一書，然其中木簡，只吐魯番之二三枚耳。）

(三)敦煌千佛洞之六朝唐人所書卷軸　漢晉牘簡，斯氏均由人工發掘得之，然同時又有無盡之寶藏，於無意中出世，而爲斯氏及法國之伯希和教授擕去大半者，則千佛洞之六朝及唐五代宋初人所書之卷子本是也。千佛洞本爲佛寺，今爲道士所居（千佛洞在鳴沙山，唐有三界寺，至元代猶爲佛寺，後爲道廟。）當光緒中葉（約在甲午前後，即一八九四年），道觀壁壞，始發見古代藏書之窖室，其中書籍居大半，而畫幅及佛家所用幢幡等，亦雜其中。余見浭陽端氏所藏敦煌出開寶八年靈修寺尼畫觀音像，乃光緒己亥（二十五年）所得，又烏程蔣氏所藏，沙州曹氏二畫像，乃光緒甲辰（三十年）以前，葉鞠裳學使（昌熾）視學甘肅時所收，然中州人皆不知（又有視爲廢紙者。）至光緒丁未（三十三年）斯坦因氏與伯希和氏 (Paul Pelliot) 先後至敦煌，各得六朝人及唐人所寫卷子本書數千卷（斯坦因氏所得約三四千卷，伯希和所得約六千卷，攜之過京，）及古梵文古波斯文及突厥回鶻諸國文字無算，我國人始稍稍知之，乃取其餘，約萬餘卷，置諸學部所立之京師圖書館。前後復經盜竊，散歸私家者，亦當不下數千卷（市中有流傳出售者，其時陝甘市中可購得，）其中佛典居百分之九五（可補藏經之缺，及校勘誤字。）其四部書，爲我國宋以後所久佚者；經部有未改字古文尚書孔氏傳，未改字尚書釋文，糜信春秋穀梁傳解釋，論語鄭氏注，陸法言切韻等；史部則有孔衍春秋後語，唐西州沙州諸圖經，慧超往五天竺國傳等（以上並在法國；）子部則有老子化胡經（英法俱有之，）摩尼教經（京師圖書館藏一卷，法國一卷，英國亦有一殘卷，書於佛經之背，）景教經（德化李氏藏志玄安樂經宣元至本經各一卷，日本富剛氏藏一神論一卷，法國圖書館藏景教三威蒙度讚一卷；）集部有唐人詞曲及通俗詩小說各若干種。己酉冬日

（宣統元年）上虞羅氏就伯氏所寄影本寫爲敦煌石室遺書，排印行世，越一年復印其景本爲石室祕寶十五種，又五年癸丑（民國二年）復刊行鳴沙石室逸書十八種，又五年戊午（民國七年）刊行鳴沙石室古籍叢殘三十種，皆巴黎國民圖書館之物；而英倫所藏，則武進董綬經康，日本狩野博士（直喜）羽田博士（亨）內藤博士（虎次郎）雖各抄錄景照若干種，然未有出版之日也（總計出土者共約三萬卷。）

（四）內閣大庫之書籍檔案　內閣大庫，在舊內閣衙門之東，臨東華門內通路，素爲典籍廳所掌，其所藏書籍居十之三，檔案居十之七，其書籍多明文淵閣之遺，其檔案則有歷朝政府所奉之硃諭，臣工繳進之勅諭批摺黃本題本奏本，外藩屬國之表章，歷科殿試之大卷，宣統元年，大庫屋壞，有事繕完，乃暫移於文華殿之兩廡，然露積庫垣內尚半，時南皮張文襄（之洞）管學部事，乃奏請以閣中所藏四朝書籍，設京師圖書館，其檔案則置諸國子監之南學，試卷等置諸學部大堂之後樓；壬子以後，學部及南學之藏，復移於午門樓上之歷史博物館（堆置於端門之門洞中），越十年，館中復以檔案四之三，售諸故紙商，其數凡九千麻袋（得價四千元），將以造還魂紙，爲羅叔言所聞，三倍其價，購之商人移貯於彰義門之善果寺。而歷史博物館之賸餘，亦爲北京大學取去，漸行整理，其目在大學日刊中。羅氏所得以分量太多，僅整理其十分之一，取其要者，彙刊爲史料叢刊十冊，其餘今歸德化李氏（李盛鐸）。

（五）中國境內之古外族遺文　中國境內，古今所居外族甚多，古代匈奴、鮮卑、突厥、回紇、契丹、西夏諸國，均立國於中國北陲，其遺物頗有存者，然世罕知之。惟元時耶律鑄見突厥闕特勒碑及遼太祖碑，當光緒己丑（十五年西一八八九年）俄人拉特祿夫訪古於蒙古，於元和林故城北，訪得突厥闕特勒碑，苾伽可汗碑，回鶻九姓可汗碑三碑，突厥二碑皆有中國突厥二種文字，回鶻碑並有粟特文字。及光緒之季，英、法、德、俄四國探險隊入新疆，所得外族文字寫本尤夥，其中除梵文佉盧文回鶻文外，更有三種不可識之文字，旋發見一種爲粟特語，而他二種，則西人假名之曰第一言語，第二言語，後亦漸知爲吐火羅語及東伊蘭語（發明粟特語者爲法人哥地奧 Rodert Gauthiot，吐火羅語者爲西額 Sieg 及西額林 Sieging 二氏，東伊蘭語則伯希和之所創通也。又釋闕特勒碑之突厥語爲丹麥人湯姆生 Thomsen）。此正與玄裝西域記所記三種語言相合。粟特語卽玄奘之所謂窣利，吐火羅即玄奘之覩貨羅，其東伊蘭語，則其所謂葱嶺以東諸國語也。當時粟特吐火羅人，多出入於我新疆，故今日猶有其遺物，惜我國人尚未有研究此種古代語者；而欲研究之，勢不可不求之英法德諸國。惟宣統庚戌（二年）俄人柯智祿夫大佐於甘州古塔，得西夏文字書，而元時所刻河西文大藏經，後亦出於京師，上虞羅福萇乃始通西夏文之讀，今蘇俄使館參贊伊鳳閣博士(Ivanoff)更爲西夏語音之研究，其結果尚未發表也。

此外近三十年中，中國古金石，古器物之發見，殆無歲無之，其於學術上之關係，亦未必讓於上五項，然以零星分散，未能一一縷舉；惟此五者分量最多，又爲近三十年中特有之發見，故比而述之。然此等發見物，合世界學者之全力研究之，其所闡發，尚未及其半，況後此之發見亦正自無窮，此不能不有待少年之努力也。

此文係王靜安師於民國十四年暑期中在清華大學講演，茲據學衡第四十五期錄入，注文略加更改。

二　古生物

中國之古生物學

葛利普博士著　張鳴韶譯

——古生物學，在考古學範圍之外，是本書中不應列入。但我國古物保存法有明文規定，茲據科學第十五卷第八期錄入此文。——

古生物學在中國是一種新科學，但中國人知道化石爲時確是很早，在賴拿豆達汶斯解釋化石爲生物遺跡之三百年前，中國哲學家已論及化石之眞正性質，朱子語錄云：「嘗見高山有螺蚌殼，或生石中，此石卽舊日之土，螺蚌卽水中之物，下者却變而爲高，柔者却變而爲剛，」當時朱子不僅承認化石爲生物遺跡，並且暗示山脈爲海底褶縐而成，較之汶斯僅假設愛皮泥山之蚌殼爲海面高時所遺留，似又更進一步矣。

化石在中國雖有很早之認識，而古生物學之發達，確較歐洲遲一百餘年，除以前有少數化石爲外國調查團發表外，化石研究在中國不過僅有十年歷史而已。

民國三年北平地質調查所成立後，中國地質家始有採集及研究之機會，然因當時古生物人才缺乏，所得標本，又須運至美國請人鑑定。自十一年後，地質調查所每年採集化石極多，即以未研究之材料而論，已由數十增至數千抽屜之多，現古生物部雖有多數專家及助手從事研究，而結果仍不免物多人少。

古生界地層構造及界限之確定，處處以化石爲標準，中國化石因研究稍晚，以致古生界地層迄無詳細及精確之分類，故有時不得不用歐美地層爲標準也。最近經丁文江博士及已故趙亞曾先生同黃汲淸先生在中國南部之調查，古生界地層不久即可瞭然而有一種基本之分類矣。但由此次所採集之化石，經研究所得之結果，和歐美地層標準似不能用於東亞因在亞洲各層化石生存時間較在歐洲爲早而且久，其原因概不外乎太平洋爲古生代各種生物發育之地，此種生物到達中國因停留而變遷後，始能由內海徙至歐洲，美洲西部亦地濱太平洋，故當太平洋所到地方，皆與中國有相當關係，然在古生代美洲大部似被一温暖北極洋所浸繞也。

北平地質調查所鑒於中國化石之重要，及與世界各國關係之密切，遂刊行中國古生物誌，內容共分四種，甲種爲植物化石，乙種爲無脊椎動物化石，丙種爲脊椎動物化石，丁種爲人類遺跡。自十二年第一册出版後，至今已印行三十餘册，現尚有數册在印刷中。出品之多，較著名之美國紐約省及英國古生物誌，有過之無不及焉。

古生物誌中雖有少數外國科學家之著作，然多數仍爲中國人之撰述，茲列舉重要者如下：孫雲鑄博士之中國北部寒武紀動物化石，於民國十三年十二月出版，內述五十五種寒武紀化石，其中有四十五種爲新發見者。孫先生近著有中國奧陶紀上部及志留紀筆石化石，中國中部及南部奧陶紀三葉蟲，不久想可付印。

次爲北大地質系十二年畢業生趙亞曾先生，趙先生爲人聰敏勤學，爲中國近年來古生物界最優秀之人才，去歲在雲南調查，爲匪所害，誠爲中國地質界莫大之損失也。古生物誌中趙先生著作有四，第一爲中國長身貝科化石卷上，十六年九月出版，册厚二百餘頁，討論長身貝科化石至九屬六十一種之多，內有三新亞屬二十二新種。第二爲中國北部太原系之瓣腮類化石，十六年十二月出版，鑑定化石則有二十屬三十種，其中有新屬二新種二十三。第三爲中國長身貝科化石卷下，十七年十月出版，所述化石有戟貝亞科十四種，內有九種屬新種或族；長身貝亞科七種，內二種屬新種；小介貝系化石五種，內三種屬新種。李希霍芬貝亞科二種，內一種屬新種，第四爲中國石炭紀及二疊紀石燕化石，十八年六月出版，在此著內，趙先生取石燕化石內部構造及各部進化程序，爲分類基礎，不僅詳言石燕化石在中國之分佈情形，且其研究方法亦可作後人之借鏡也。

中國北部太原系海百合化石，爲田奇㻪先生所著，十五年四月出版，內述海百合化石新屬一，舊屬三，新種八，新變種凡四。種類雖不甚多，而整理散板及再造工作，誠爲不易。楊鍾健博士之中國北部齧齒動物化石，於十八年八月出版，是著爲楊先生在德國明星大學博士論文，內容對於新種之討論甚詳，關於脊椎動物化石，在中國人著作中，當以此爲嚆矢。

李四光教授所著之中國北部䗴科化石爲中國古生物誌中重要著作之一，於十六年九月出版。詳述䗴科化石六十一種，其中多爲從前所未見者。李先生對於䗴科構造及研究方法，均有特別討論。先生現任中央研究院地質研究所所長，雖職務紛繁，而於中國地層仍不時有重要之貢獻也。

秉志博士爲動物學家而兼治古生物學者，博士著有中國白堊紀之昆蟲化石，十七年十二月出版，又有中國北方之田螺化石，十八年十一月出版。此外如俞建章先生之中國中部奧陶紀頭足類化石，貴州石炭紀珊瑚化石，黃汲清先生之中國南部二疊紀珊瑚化石，紀榮森先生之中國管狀珊瑚化石，徐光熙先生之奧陶紀筆石化石，及貴州石炭紀之有孔蟲化石，或在研究中，或脫稿在印，不久當可刊印行世也。

竊謂近來古生物研究之趨勢，已與從前迥不相同，以前分類僅照化石外表性質，而今則須明白化石進化程序；以前分類甚簡，而今則甚詳，是以此種經驗學問，絕非大學四年讀書所能得到，非畢業後在一研究機關受高明學者多年之指導不可，目下除北平地質調查所外別無此種機關，又因領導人才缺乏，他處何時始能設立，亦甚難言。

又余謂研究此種學問有一極重要之事，卽爲書籍。書籍設備，爲研究各種學問之先決問題，若研究古生物而無參考書籍，則更無法進行，然欲集世界各國出版品於一處，則亦殊爲不易。地質調查所所設圖書館，雖可與歐美同樣機關相比，然內容仍不能謂之十分完全，故募集巨款，擴充設備，使該館成爲一最完美之圖書機關，誠爲當今之急務也。

科學似海，毫無際涯，吾人治任何學問，必須有堅忍之毅力，及經久之研究。邇來中國青年之欲以科學爲終身事業者，固不乏人，甚望智識先覺，予以相當之指導與鼓勵，使勿入歧途，則中國科學幸甚。

三　近代的發掘

甲　石器時代遺址

周口店

遺址發現的原因　奧人師丹斯基(O.zdansky)於民國十年十一月在周口店採得化石很多，於十五年在此化石中發見兩個人的牙齒定名爲『中國猿人』(Sinanthropus pekinensis)，北平地質調査所因從事發掘。

遺址的時代　始石器時代(Eolithic Age)，距今約二三十萬年。

地址　河北房山縣周口店(琉璃河支路的末一站，在北平西南約一百一十里。)

發掘的時間　民國十六年，十七年，十八年，十九年，二十年，尙繼續工作。

發掘的機關　北平地質調查所。

工作重要人員　十六年李捷步林（B. Bohlin），十七年步林楊鍾健裴文中，十八年裴文中，十九年裴文中，二十年裴文中。

遺跡　周口店附近爲奧陶紀的石灰岩所成的山，此處開採石灰者，多依山爲窰而石灰岩中常有裂縫及洞，其中爲紅土及石塊沈積，含骨化石頗多，此等堆積，因石灰質作用而變堅硬，故有時當四邊石灰岩被採掘後，形如垣壁，峭峙空中。其地層自上而下，共分十層，第一層爲淡黃色硬泥岩，一部爲石灰渣。第二層爲灰色沙質泥岩。第三層爲不規則層，大塊石灰岩甚多，爲洞頂垂落的。第四層爲紅色土質沙泥甚厚，但有黃淡紅褐灰各色相間。第五層爲黑土質石灰岩碎塊及角礫岩。第六層爲硬石灰角礫岩紅土泥沙。第七層爲深灰軟鬆沙土，雜以石塊。第八層爲堅硬角礫層，雜以紅色沙土。第九層與第八層相似，多含沙質。第十層爲沙質紅土含結核甚多。

第一第二層骨化石甚少，第三層爲猿人的頭骨及幼年與成年的其他碎骨。第四層含有齧齒類化石及其他小動物化石甚多。第五層猿人化石極富。第七層有完整的水牛鹿猪等頭骨化石，第十層無石灰塊及化石，第十層以下距底部不遠。

發見人類用火的遺跡，因爲(一)有灰，(二)有焦骨，(三)有燒過的石，(四)有木炭。

十六年發掘得猿人下臼齒一枚，十七年得牙齒數枚，破牙牀二個，破骨數塊。十八年猿人頭骨一，動物化石完整的甚多。十九年無大成績。二十年得石器骨器數千件。

遺物　石器：第一石英層所得不多，第二石英層（相當於第八第九第十層）得二千餘塊，爲人工痕跡顯著而爲器具的，有數百件。其石質有數十塊爲綠色砂岩，石英砂岩及綠色頁岩，餘爲石英，尚有燧石一塊。其形狀共分七種，(一)橢圓形，前端一鈍尖，腹部前方爲凹入利刃，脊部前爲凸出利刃。(二)菱形，腹部同前，脊部爲一稍直的利刃。(三)腎形，前端爲圓形利刃，腹部全爲利刃。(四)長刀形，前端爲一尖，腹部爲一外凸的利刃，脊部及後端皆爲寬面。(五)正方形，四面皆利刃。(六)三角形，前端爲三個面所成的尖，腹部爲利刃，脊部及後部爲寬面。(七)梯形，腹部爲利刃，其他三面爲寬面。

骨器：以鹿角爲最多，牛骨馬骨犀牛骨象骨次之。有一鹿角尖端使用甚久已被磨光。有將鹿角及其他動物腿骨打成鑿及刀形，其鋒刃尚銳，有於犀牛腿骨刻入凹形，有在骨上刻有縱橫深壕，數量約二三千件。與石器同層。

化石：猿人頭骨，犀牛、水牛、牛、象、馬、猪、靈貓、鹿、大水獺、劍齒虎、貂等。

古物現存處　北平地質調查所。

報告書　周口店儲積中一個荷模形的下臼齒（步達生著，十六年出版，定價三元），中國猿人化石之發見（裴文中著，十九年出版，定價二角），中國猿人類北京種之成人頭蓋骨（步達生著，二十年出版，定價十八元）等。

參考材料　周口店之骨化石堆積（楊鍾健，）中國猿人化石之發現（裴文中——科學第十四卷第八期，）周口店猿人化石層中石器之發見（裴文中——稿本。）

仰韶

遺址發現的原因　民國九年地質調查所採集員劉長山自河南帶回石器數百件，因料其處有石器時代遺址，十年四月往仰韶調查所得。

遺址的時代　新石器時代末期，約西元前四千年至一千五百年。

地址　河南澠池縣仰韶村（澠池縣車站北十五里，）秦王寨不召寨等。

發掘的時間　民國十年十月。

發掘的機關　地質調查所。

工作重要人員　安特生（C. G. Andersson）師丹斯基劉長山袁復禮。

遺蹟　在仰韶村南約二里處，過一深溝，過此溝北下爲第三紀紅土層，上爲第四紀黃土層，中加有灰土層，即其遺址。自村南端起南行至東溝西溝連接處，南北爲九百六十公尺，東西爲四百八十公尺，北部少有採獲，南部灰土層厚一公尺至五公尺。原爲平地，後經水冲刷，今成溝壑，溝旁常有土錐矗然孤立，上端即有石器遺址。遺址中有袋狀地穴，此地穴與歐洲相同的很多，爲原始人居的住宅。

遺物：石器石斧極多，形式大小不一，無孔。石鑿，石錛，均與近世所用的同。長方石刀碎片甚多，中有一整的只具一孔，少數石杵作磨搗所用。扁平石環與剖面作三角形石環。石鏃甚多，形亦不一。

骨器：骨錐，骨針有穿孔的，骨鏃甚多亦有用貝殼制的。

粗陶器　有一罐形陶器，底部有孔，排列甚密，邊牆的底有孔一道，爲放置於甗上的蒸物用（中華第十五版第一圖。）豆形陶器，有高足，足空，週有七孔，（十五版二圖，）淺鼎（十六版二圖）爲作鼎的初步，帶柄鬲（十六，六，）帶耳壺（十六，八。）尖底器（尊）磚色紅，牆甚薄，外面有繩印紋，從尖底向四方射出，有兩耳在腹部。

彩陶（卽彩繪土器(Painted Pottery)陶器上繪以紅黑白彩色的，）有紅底深紅花紋完整的盆，出自秦王寨（河南一版。）灰色底上繪紅縲紋及同心圈紋淺鉢，出自秦王寨（二版）及仰韶（三版。）紅底黑白花，有凹邊三角形，以上下二角形合成橢圓形（五版。）紅底黑白花，有眼形三角形的如女子生殖器花紋（六版。）但不召寨未有彩陶。

遺物現存處　北平地質調查所。

報告書　中華遠古之文化（地質彙報第五號第一册內，十二年十月出版，定價大洋一元二角。)河南石器時代之着色陶器(古生物誌丁種第一號,第二冊,民國十四年一月出版,定價大洋六元,)歸地質調查所發售。

參考材料　中華遠古之文化,河南石器時代之着色陶器。

沙鍋屯

遺址發現的原因　民國十年六月往遼寧、錦西縣、沙鍋屯調查煤鑛,遇此石穴探試所得。

遺址的時代　新石器時代。

地址　遼寧、錦西縣、沙鍋屯東站南二里溝內石洞。

發掘的時間　民國十年六月。

發掘的機關　地質調查所。

工作重要人員　安特生白萬玉。

遺蹟　沙鍋屯南溝隙爲階段形,西壁有一矽質石灰巖,由潛水浸潤而成的一洞穴。洞北壁長四·九公尺，南壁六公尺，寬二·二至二·五公尺，洞口稍窄爲一·八公尺。洞底向外作微坡形，洞爲西南東北三十五度方向。洞形直且小，後分四短支洞。最底一層爲黃沙小石子混合平鋪，似爲鋪平洞底微坡所用，最上一層爲後代摻入，在此最上層中得有宋金二代錢。其中爲灰土所成的文化層。

遺物　石器：　石斧四個尙完整。燧石鏃。石環多扁平，率極薄，大者徑達百公糎，寬二十六至二十八公糎，厚只三公糎半。石扣甚多，形如圓珠，孔自兩端鑽起成一大鈍角。石珠爲大橫圓式，細長式，小橫式三種。石圓板。大理石獸形物。

骨器：　骨針，針孔甚細，爲縫紝所用，有一插入空骨中以保護。骨錐爲鹿所置，亦有用猪牙的骨置小鑿刀。骨鏃長二十公厘，底部寬七·五公糎。

粗陶器：　有蓆印紋繩印紋刻紋各種，但多爲碎片，就其湊聚成形觀察，有鬲碗盆罐等，並有陶環大小不等多種。

彩陶：　在此遺址中共得到五塊，與仰韶相同。

骨：　有人骨及獸骨。　人骨雖無全副，但可知爲四十二體男女老少不等的骨骸，頭骨多破碎，有一部分被燒過，並攙入他骨及陶片等，腿骨每似生時已折斷。

遺物現存處　北平地質調查所。

報告書　奉天錦西縣沙鍋屯洞穴層（古生物誌丁種第一號，民國十二年四月出版，定價大洋三元五角）。奉天沙鍋屯及河南仰韶村古代人骨與近代華北人骨之比較（民國十四年出版，定價大洋九元）。均地質調查所發售。

參考材料　奉天錦西縣沙鍋屯洞穴層。

甘肅

遺址發現的原因　仰韶所得彩陶花紋與亞諾（Anau）脫里波留（Tripolje）石器遺址陶器花紋相同，已覺近東與遠東古陶器關係甚密，河南古址與近東古址之間，必有其連接之跡，中國西部如甘肅有發見石器的可能性，遂往調查。

遺址的時代　遺址時代，可分爲六大期：

新石器時代末期與新石器時代及銅器時代過渡期：

齊家期

仰韶期

馬廠期

紫銅器時代及青銅器時代初期：

辛店期

寺窪期

沙井期

綿延約二千年，自西元前三千五百年至一千五百年。

地址　甘肅貴德縣、導河縣、寧定縣、鎮番縣等，青海沿岸。

發掘的時間　民國十二年至十三年。

發掘的機關　地質調查所。

工作重要人員　安特安白萬玉。

遺蹟　青海沿岸遺址：一在東端，一在南岸，遺址文化層高出現在水面三公尺至六公尺。

河谷遺址：貴德黃河河谷，西寧河谷，洮河河谷。此河岸舊岸較現在爲高，爲階段形，遺址在此階段中。

四時定的葬地遺址：在洮河西岸與導河縣城隔岸相對，山旁有險峻山嘴突入河中，山嘴上爲其葬地。半山區葬地遺址：寧定縣屬洮河河谷西側，半山山頂有此葬地。距其住址在十五里以外，高升至其村落四百公尺以上。

鎮番西部沙漠中之遺址：鎮番縣西部沙漠中有自南山來一河流，其西三十里有小村名沙井，有遺址三處，葬地二處，皆爲沙湮沒。

遺物　石器甚少。

粗陶器：齊家馬廠期中鬲的踪跡未見，鼎器亦希少。辛店期鬲已發見，寺窪期沙井鬲漸爲豐富。

彩陶：辛店甲址葬地的陶甕（甘肅三版二圖），脛部有連續的回紋，腹部上有旋紋，旋紋上空處有犬羊獸形紋各一，柄上繪有龍形花紋。寧定縣、齊家坪陶耳殘片，表面綴壓成平行綫紋式斜交綫紋。又一陶耳上綴多數壓成的橫綫紋，中心飾以乳狀突起點（五版一圖二圖），與康克拉米(Kamm Keramik)形相同。鎮番縣沙井南葬地陶器（十一版一圖），其上有繁複的圖案，有上下直立的三角形鳥狀帶紋。辛店期又有鳥形獸形人形輪齒形花紋（插圖第五圖）。

遺物現存處　北平地質調查所。

報告書　甘肅考古記（地質專報甲種第五號，民國十四年六月出版，定價大洋四元），甘肅河南石器時代及甘肅史前後期之人類頭骨與現代華北及其他人種之比較（民國十七年出版，定價大洋四元）均地質調查所出售。

參考材料　甘肅考古記。

西陰村

遺址發現的原因　民國十四年李濟到山西考查古蹟，於十五年三月在西陰村發見。

遺址的時代　新石器時代。

地址　山西夏縣西陰村灰士嶺。

發掘的時間　民國十五年十月。

發掘的機關　清華大學研究院。

工作重要人員　李濟袁復禮。

遺蹟　此遺址面積很廣，現多化爲耕地，其西南有高出地面三四公尺的崖壁，就此遺址中發掘了一小部分。其遺址情形是：

（一）最上一層爲黃土，這土性質極雜，似黃土而非眞正黃土。名此層爲頂層。

（二）頂層下有約一公分厚的石灰層。有的無此石灰層，黃土層與灰土層直接相接。

（三）石灰層以下有厚約一公尺的灰土層，內夾着許多燒過的土塊。

（四）灰土層下有黃灰色沙泥層，薄厚不一，有的成爲波狀。

（五）泥土層下爲黃土或紅土的淨土層。

灰土層有成一個橢圓形地基卽袋狀地穴，陶片多在此層中。遺址曾有被水湮沒過的情形。

遺物　石器：石器石斧一完整。石鏟殘部一片。石刀殘片上尙留一孔。石硾身帶槽。未經磨過的小石刀（西陰村第十版各圖）。石圓片中有一孔的紡織輪。石鏃有未經磨過的，有已經磨過的（十二版）。尙有石彫刻的人拳（十一版二十二圖）。

骨器：骨鏃，骨針，骨簪，骨錐及雕刻的骨環（十一版八至十二，十四至十八）。

粗陶器：粗陶器有粗灰的繩印紋，灰色的，凝暗的，橙紅的，繩印紋橙紅的，油光紅的，厚油光紅的，皺皮的，帶糟的，具凸紋的，素白的，未有刻紋的陶紡織輪。陶球大小不一，小的作彈弓的彈子用，大的作玩具，其上有指甲印紋，圓筒印紋。尙有一個小陶陀螺。

彩陶：彩陶分兩大類，一類是先著色衣，然後著彩；一類是把彩直施於陶骨上，沒有那色衣居間。色衣爲紅白二種，紅的多普遍施色，白的多是部分施色。於色衣上施一黑色花紋，也有紅色與白色的，但係少數。黑色花紋是直線，橫線，圓點，各樣的三角，寬條，窄條，初月形，鏈子，格子等集合而成。有中一圓點週由六個不規則三角形合成的花紋，又由四個三角形合成一似十字形花紋。

骨：人骨除碎塊外，找到一副少年的人骨，但是沒找着頭。此外尚有猪骨，貝殼片甚多。又得一蠶繭爲重要的發見。可知其時人類已知利用蠶絲。

遺物現存處　北平清華大學。

報告書　西陰村史前的遺存（清華大學研究院叢書第三種，民國十六年八月出版沒有定價）。

參考材料　西陰村史前的遺存。

甘夏鎮

遺址發現的原因　十九年三月在張家庫高家山焦尾巴洞發掘六朝墓時，因墓址在半山，掘土向上翻不易，遂於墓前闢一孔道，使土出於山下，乃於此孔道中發現。後於甘夏鎮西崗頭上及土地廟旁又找到兩處。

遺址的時代　新石器時代。（張天方先生疑此爲準新石器時代）

地址　南京棲霞山車站西北五里甘夏鎭西崗頭上及土地廟旁並甘夏鎭東北張家庫、高家山、焦尾巴洞前。

發掘的時間　民國十九年三月。

發掘的機關　南京古物保存所。

工作重要人員　衛聚賢張鳳王庸。

遺蹟　北方地多墾植，坡地皆作階段形，故於其崖壁上容易見其灰土層；又北方氣候乾燥，遺址中陶片質尙堅，其被水冲出，或掘墓等人工翻出，容易見到。南方平地多耕種，小土嶺的坡地多長樹林，沒有階段崖壁可以露出灰土層；又氣候潮溼，陶片多化爲粉末，在地面看不到，遺址發見是很難能的一件事。此遺址除在焦尾巴洞碰着外，又費了許多功夫始又找到兩處。焦尾巴洞遺址爲一圓形地穴，高約六尺，寬約八尺。崗頭上遺址，一部分被六朝人造墓時毀去了，餘了小半個圓形地穴。土地廟旁地穴不完整，似被翻亂過。在其地聽土人說，他們埋人掘墓時常遇到此遺址中所得到的磚紅色陶片及鼎腿。但尙未及發掘。

遺物　石器：在六朝墓前掘水道時，遇着黑泥（灰土），其中有許多磚紅色陶片質甚粗，又遇一鼎足長約五寸，已疑其爲石器時代物，但共同工作的人以長江下游向無石器遺址發見，多不信，繼得一完整磨光石斧，始定此爲石器時代遺址，停止孔道的發掘，復另行發掘此遺址。在此三遺址中，共得磨光石器六件，半磨石器五件，未磨石器三件。

粗陶片甚多，有一部分上印有各種幾何形花紋，與河南、遼寧、山西、甘肅完全不同，而與地質調查所陳列的在香港石器遺址陶片上花紋相符。又有一玩具係扁圓，腹部有楞，中空鬲器，未見彩陶沒找着。

遺物現存處　南京古物保存所。

報告書　發掘尚未竣事，報告書尚未及作，我已離開了古物保存所，故無報告書。

參考材料　自己經歷。

荊村

遺址發現的原因　民國十五年我在清華大學研究院讀書時，李濟之先生從山西夏縣西陰村發掘一大批石器遺址古物運校，我看見了這陶片，似乎在甚麽地方常看見過。十六年春因事旋里，方知我的家鄉就建在石器時代遺址上。十九年十月發掘漢汾陰后土祠停工後，在荆村、瓦渣斜試掘了九天，知其處爲遺址集中地點。

遺址的時代　新石器時代。

地址　山西萬泉縣荆村瓦渣斜。

發掘的時間　民國二十年四月。

發掘的機關　北平女子師範學院研究所，山西公立圖書館，美國福利爾藝術陳列館。

工作重要人員　衛聚賢（女師代表），董光忠（福利爾代表）。

遺蹟　萬泉縣城東臨一大溝，溝兩旁及其南盡爲其遺址，計北自西解村起，經蘆邑村、北里村、萬泉縣城、澗薛村、南澗村、荆村、黄家峪、北吳村、南吳村、袁家莊，南北長約二十五里，西東寬約五里，遺址繼續不斷。萬泉縣東三十里稷王山麓南文村古朵也有此址，過稷王山至聞喜縣境其遺址甚多。

在荊村瓦渣斜共發掘了七畝地，遺址中發現地穴二十餘處，其穴如桃形平底，深約五六尺至丈餘不等，寬亦如此。有一穴深約丈五尺，寬約一丈，距底約三尺處有一隧道，通至地面，此隧道由五個階段而成；其地勢西南高東北下，故其隧道向東北；穴頂開口寬約三尺。又有一穴其隧道口尙有扶樑栽柱的遺蹟。

爐灶共有三，均在一處，由地層觀察，當日此灶設在地面，今已埋入土中約五尺；灶係用泥作成，分上中下三部，下部有一圓洞，洞口向東南，爲通風口；中部爲施柴（燃料）處，底有許多孔爲洩灰通風用，旁的左右後三面高約一尺三寸，厚約五寸的牆；牆上爲上部，牆頂灣內懸空，爲置鼎鬲處；在地穴中未發見灶，而此灶相連在地面上，似尙存共食遺蹟。

距灶東北約丈餘，有用火燒過的硬土坑，深約五寸，寬約一尺五尺見方。坑旁血蹟尙多，當係屠宰處。

遺物　石器：石斧、石钁、石錛、石鑿、石鏟、石刀、石鉞、石鏃等；石鏟有一孔的，石刀有一孔二孔的，石鏃有燧石的，有用花岡岩磨成各種形式的。又有石環，石球，石扣，石磨紅顏料器具等。

骨器：骨錐、骨鑿、骨針、有孔甚細，骨簪、骨鏃、貝鏃等。

粗陶器有鼎、鬲、甗、尊、罐、甕、盆、洗、碗、盤、燈、紡織輪、球、環等，甕有高約三尺的，有一種黑陶光澤甚強，下部爲筐印紋中部爲刻紋，上部光滑蓋上刻有如植物葉形。陶器內面外面有刻紋的十餘種。有一陶片刻成龜形但缺其後腿的一部。陶上有用鳥頭鴞頭爲耳及裝飾的。環與球上有各種壓紋及刺紋。塤五件，有一孔二孔三孔的，尚可吹響。

彩陶：彩陶爲黑白紅三色，黑色最多，白色次之，紅色少見；黑色多塗於紅底上。其花紋多點，線，三角形，魚形，蟬形，蛇形的有二塊。

有刻壁一塊，係土壁上塗石灰一層，石灰上刻有花紋。

骨：人骨有一穴中十餘副，有一穴中二十餘副，身首異處，且與鳥獸骨相雜，人頭骨與現在不同。惜其費爲美方出，董光忠受美方代表畢士博命，注重彩陶，將此人骨拋棄，帶回五六幅，又有鳥獸骨鹿角多種，拋棄亦不少。

遺物現存處　山西太原山西公立圖書館。

報告書　在編輯中。

參考材料　自己經歷。

城子崖

遺址發現的原因　山東齊魯大學教授吳金鼎，在清華研究院從李濟之先生學考古，因注意山東古蹟，調查所得。

遺址的時代　上層爲銅器時代遺址，報紙以爲係譚國古城，春秋初年被齊桓公所滅。下層爲新石器時代遺址。

地址　山東歷城縣東龍山車站北城子崖。

發掘的時間　第一次十九年十一月，第二次二十年十月。

發掘的機關　山東古蹟研究會（中央研究院考古組，與山東省政府合組。）

工作重要人員　李濟、董作賓、梁思永、吳金鼎。

遺蹟　譚城爲不規則形狀。在城基發見一個捧面俯身被人射死的戰士，有一個銅鏃，尙在其死者胸椎內。在譚城西北角高地發現古代燒陶器的窰兩座，內尙遺存煉渣及燒紅的土頗多，窰的構造，對於通風保温諸端，均極有研究，頗科學化。

石器時代文化在譚城下層。有一尖底罐內盛小兒骨，上蓋二石條。

遺物　譚城的陶器很粗糙，以豆爲大宗。尙有鬲、玉、及與殷墟相類的卜骨，有鑽灼而無刻字。銅器不多。有一陶片內部刻有『獲八貝獲六魚一小龜』字體與春秋時代相類，字畫甚細。

石器遺址　石器有石斧、石錛、石鏃、石刀、石鏟等。骨器有骨錐、骨針、骨簪等。陶器有鬲、鼎、斝等。有很貴重的黑色陶器，也有少數紅色及白色的彩陶。

遺物現存處　山東古蹟研究會（濟南青島大學工學院內）。

報告書　編輯中。

參考材料　山東省立圖書館季刊李濟的發掘龍山城子崖的理由及成績。北平晨報二十年十月十五日魯古績會續掘城子崖，及十月二十日譚城新發見，十一月十一日古譚國都之成績各記載。

乙 殷周

殷墟

遺址發現的原因　殷墟發見甲骨，已見前王靜安先生的近二三十年中中國學問上之新發見，董作賓於民國十七年八月往安陽調查一次，遂行發掘。（濬縣與殷墟地域時代爲近，故附於殷墟中。）

遺址的時代　殷盤庚至武乙時。

地址　河南安陽縣小屯村。濬縣爲辛村與大賚店。

發掘的時間　第一次十七年十月，第二次十八年四月，第三次十八年十月，第四次二十年三月，第五次二十年十一月，第六次二十一年四月至五月。

發掘的機關　中央研究院歷史語言研究所考古組。

工作重要人員　第一次董作賓，第二次李濟、董作賓，第三次李濟董作賓，第四次李濟、梁思永、董作賓，第五次董作賓、梁思永，第六次李濟、董作賓。濬縣係郭寶鈞。

遺蹟　房基遺址中發現極明顯的桁印土層，範圍甚廣，厚約二寸，有多至十七層的，疑係彼時的房基。其旁間有灰土坑，雜以破碎陶片獸骨，疑係房基間的空隙用以傾倒垃圾的地方。地穴方坑有長二·四米寬一米深一·七米；有長一·五五米寬〇·七米，深六·三米的不等。圓坑徑長一米九，深四米至水面尚未見底，甲骨陶片人骨等多出此方圓整齊的坑中（連第五次發掘，前後共得三十三坑）。在此等坑之上面發現短墻一道。不在圓方坑內，尚有一層灰土層，內有甲骨陶片等，大骨多在上面，大塊陶片多在下面，爲遺址經過大水的情形。第五次在殷墟發現三個時代的遺址，最下層爲石器時代，中層爲過度期，與城子崖相當，上層爲殷墟，地層顯然。濬縣爲二墓葬，無棺，週圍用板建築，規模極大。

遺物：　甲骨　有字骨，字甲，有在牛頭鹿頭上刻字的，鹿頭上鹿角尚存。刻字中有鬼方周羌，與歷史可以互證有四大龜版，其卜龜的情形尚可看出。

石器：有石刀、石斧、石錛、石鏃等。尚有一殘塊人抱膝石像，身爲文身，身後有凹爲柱下的礎石。並有石男性生殖器。

骨器：有骨簪、骨鏃、骨雕刻殘器等。

銅器：有銅矛、銅刀、銅空頭錛、銅錘、銅針、銅鏃、銅爵、銅觚、銅戈、銅範等，觚與戈柄雕刻花紋甚精。在遺址中遇有煉熗木灰與溶鑄的銅塊相雜，其時已知鑄銅。並有錫塊發現。

陶器：彩陶爲白底黑紅花及紅底黑花只有二殘塊，第五次發現彩陶甚多，有一淺紅地深紅花圜底器，由破片貼成完整的；是在石器時代最普遍的彩陶，在殷墟層內少見，但已有黑陶白陶及帶釉的陶器，粗陶有卑罐、瓿、罍、毀、壺、釜、鬲、尊、洗、簋等。有一白陶片，上有蟬形花紋，爵一殘片上有豕形花紋。及他刻紋陶片多種，尚有刻『母』『女』等字的。

骨：人骨全副爲俯身葬，身旁尚有顯蓆紋，似其時尚未使用木置的棺槨。身旁有銅器陶器骨及卜骨。獸骨：有獸牙、豬骨、鹿角、牛角、象腿骨，並有寬約九米長約一米半，似爲鯨魚的肩胛骨。

濬縣的墓葬中有人骨，殉葬物有貝器、裝飾、銅器、甲冑兵器等。此外有黑陶，與城子崖相近。

遺物現存處　中央研究院歷史語言研究所考古組（北平北海桑壇）

報告書　安陽發掘報告三冊（第一期十八年出版，第二期十九年出版，第三期二十年出版，每冊定價大洋一元五角）。

參考材料　安陽發掘報告。第五次係根據天津益世報二十年十二月十五日河南殷墟最近之發見，濬縣係大公報二十一年五月三十一日豫省濬縣掘獲古物。

燕都

遺址發現的原因　北平古玩商常有出售易縣出土各器物，就水經注所載知爲燕都，十八年十一月馬叔平與傅振倫前往調查所得。

遺址的時代　戰國末年（但亦有石器與隋唐時代物）。

地址　河北易縣東南十八里練台村。

發掘的時間　十九年四月。

發掘的機關　燕下都考古團（北京大學、北平研究院、古物保管委員會合組）。

工作重要人員　馬衡、莊尙嚴、傅振倫、常惠。

遺蹟　燕下都亦名武陽城，東西二十里，南北十七里，城北高的淪爲邱墟，低的夷爲平地，若斷若續，尙十存其二三。惟西南角尙有城垣高約三丈，版築跡猶存，層疊整齊，每版長六尺餘，高尺餘，並有釘孔。城址內外，土臺有五十餘，高三丈至七丈不等，文化層均甚顯明，爲其宮殿臺閣遺址。城北以老姥臺最爲高大，城內東部以武陽臺爲最廣，武陽臺現靠近武陽臺村，上有廟宇。老姥臺在練臺莊西二里曠野中，周圍約二十畝，高五丈，上有土阜高丈六尺，外有垣。臺第二層深四尺處，有古代牆垣一道，內雜葦荻，北側似有柱跡，柱化爲灰，各柱徑約 0.25m，各柱跡相距約 2.5m。

遺物　銅器：銅器明刀甚多，又發現安陽布一枚，銅鏃數件。

鐵器：臺東二百步崗上發現鐵斤一件。

陶器：鼎似爲明器；鬲腿甚短；壺腹部上有如貓頭花紋；尊、罐、豆甚多，豆上有文字及符號的七件。

有陶筒長50Cm徑48Cm七節，爲井身週圍的套圈。

建築物瓦當有圖案畫，類似饕餮紋、雙龍、鳥、獸各種；瓦桶下爲繩印紋，印紋上貼三角形等內包各種幾何花紋。磚甚薄，上有刻紋、印獸紋、圖案花紋。

骨：人骨，有裝在似礮彈圓底陶器內，上蓋同樣陶器，係陶器口對着口，爲瓦棺。又有鳥骨、獸骨、石灰、木炭、焦土等。

遺物現存處　北平北海團城。

報告書　編輯中。

參考材料　北大學生第一卷第三期北大國學研究所考古學會之過去與未來，及燕京學報第九期二十年國內學術界消息。

丙　漢以後

新甘

遺址發現的原因　新疆、甘肅氣候乾燥，沙中湮沒古蹟甚多，近二三十年外人至新疆、甘肅考古多飽載而歸。瑞典斯文赫定博士(DV. Sven Hedin)曾在新疆考古已有成績，故於民國十六年來華組織西北科學考察團。

遺址的時代　由石器時代至宋，其中以漢與六朝時爲最多（故列此爲漢以後）。

地址　甘肅、寧夏、新疆。

發掘的時間　民國十六年四月至民國二十二年五月八日（呈請國民政府行政院核准的日期），現仍在繼續工作中。

發掘的機關　西北科學考察團（中國、瑞典二國合組）。

工作重要人員　徐炳昶爲中國團長，斯文赫定爲瑞典團長，黃文弼擔任考古。

遺蹟　由察綏經寧夏北草地往新疆，在喀爾喀右翼貝勒廟東北七十里，有古城遺址，房舍廟基，尚能見其彷彿。在五原縣北黑柳圖發見漢兵營遺址。在距焉耆七十餘里有若干廢寺，山上山下自成行列，土人名曰明屋，曾遭兵燹，但其遺址尚未經人發掘。庫車北山石室林立，爲庫木土拉及和色爾的千佛洞下層廟宇畫壁多被東西遊歷人士剝掘盡淨，惟上層尙好。在吐魯番西二十里有古交河城，即高昌的都地。

遺物　古物共分十四類：（一）木簡，爲十九年春在羅布淖爾古址中發現，約數十百枚，有黃龍元延諸年號。（二）木牘十七年秋在拜城及色爾佛洞所得，字類梵文。（三）文書十七年至十九年在吐魯番、焉耆、庫車、巴楚所得，爲梵文、龜茲文、畏兀兒文、蒙古文、土耳其文、西藏文等。（四）錢幣，十八年在和闐等得高昌、吐魯番等錢。（五）石刻，庫車石刻梵文等四五種。（六）印璽，有銅質木質瓦質瑪瑙等。（七）墓磚，在吐魯番得有朱書墨書及刻字。（八）陶器，有紅底黑花（類新石器時代彩陶）與墓磚同處，爲六朝物。（九）壁畫，以庫車拜城爲最多。（十）泥塑像，在焉耆明屋所得爲多。（十一）漆木器，有漆布漆碗木陶器蓋。（十二）絲織草製諸品，畫絹、綢匹、綿囊等。（十三）石器，有石斧、石刀、石鏃等。（十四）雜類，骨鏃、骨簪、草屨等。

遺物現存處　北平沙灘、西北科學考察團研究所。

報告書　徐旭生西遊日記三册（民國十九年出版，定價三元，北平師大代售），長征記一册

（斯文赫定編，二十年出版，定價二元八角），高昌專集一册（二十年出版，定價八元），高昌第一分本一册（二十年出版，定價五角，——黃文弼編，北大代售）。

考參材料　女師大學術季刊第一卷第四期，黃文弼的西北科學考察團在新疆考古情形，新疆發現古物概要（高昌第一分本後附）。

漢汾陰后土祠

遺址發現的原因　萬泉縣、榮河縣二縣地爲古汾陰縣、汾陰后土祠各書多載在榮河縣，我從史記漢書所載考訂在萬泉縣、柏林廟附近，一次在柏林廟東南二里延子圪塔發見『長樂未央』等瓦當，作了一篇漢汾陰后土祠遺址的發現，在東方雜誌第二十六卷第十九號發表。

遺址的時代　自漢武帝元鼎四年至光武建武十八年。

地址　山西萬泉縣西杜村延子圪塔。

發掘的時間　民國十九年十月。

發掘的機關　山西公立圖書館。

工作重要人員　衛聚賢、聶光甫、董光忠。

遺蹟　西杜村村西二里有土阜北高東西南三面皆底下，山西萬泉方言以高阜名『圪塔』其遺址原爲春秋時晉介子推祠，後爲后土祠，漢武帝以其在此人民的后土祠旁得鼎，乃於其地建國立的后土祠。現在柏林廟西南二里有袁家莊，在元明碑上書爲原家莊、閻家莊、嚴家莊，是原無定名，用原袁閻嚴等字音，當爲『縣下莊』的音轉，延子圪塔當爲縣子圪塔。其遺址東西南三面爲階段形，頂上有十餘畝一平地，在西東南三面階段崖壁上露出瓦片甚多，『長樂未央』等瓦皆俯拾卽是。遺址西北有名『小山』，有當日后土祠路址遺蹟。

遺物　銅器：有漢五銖錢、銅絲等。

鐵器：有斤、刀、鈫、釘、環等。

陶器：有罐、壺、盆、豆、甕、釜、鬲、溫壺等。一壺上腹部兩旁有饕餮如虎頭的花紋，一陶片上蓋有一印，其文字不明瞭。

建築物：磚甚薄，上有幾何形及雷紋花紋數種，有數塊上有「千秋萬歲」字。瓦桶甚大，上有繩印紋與燕都相似。又有扁瓦甚大，外凸面有繩紋，內凹面有卽印各種方斜印紋。瓦當有「長樂未央」「長生無極」「宮宜子孫」字樣，並有雙螺旋單螺旋紋。

有一土灶，灶旁得有骨箸一對，獸骨一部。又得有琉璃獸一個。

遺物現存處　山西太原山西公立圖書館。

報告書　漢汾陰后土祠遺址發掘的報告，在印刷中。

參考材料　自己經歷。

晉塚

遺址發現的原因　廣東陸軍總醫院建築新址，被工人無意中掘得。

遺址的時代　晉大寧二年。

地址　廣東廣州市西郊大刀山。

發掘的時間　民國二十年十二月。
發掘的機關　黃花考古學院。
工作重要人員　胡肇椿、謝英伯。
遺跡　墓係由磚砌成的，爲長方形墓室四壁的磚是平疊起的，往上疊到二尺四寸，便用內狹外寬的漸向中點作斜拱，如半圓形。
遺物　遺物爲(一)棺木：棺木有一部分腐朽。(二)布塊：布爲兩層，一方塗朱，他面褐色，有小方格，布紋似麻布。(三)銅器：鏡，上有人物花紋，字跡不清，爲漢建安鏡。弩機，無文字，鎏金的板帶，上有龍鳳花紋；幷鎏金的附帶小物件。錢，爲五銖。(四)陶器：洗、盂、盌、唾壺、四耳瓿、上均有碧釉，但釉的塗法不勻。(五)墓磚：墓磚上除花紋外，則有『大寧二年歲甲申宜子孫』及『大寧二年甲申八月一日造』字樣。
遺物現存處　除棺木存於陸軍軍醫處外，餘皆存於廣州市立博物院。
報告書　考古學雜誌創刊號(廣東黃花考古學院出版，定價四角)。

參考材料 考古學雜誌的廣州市西郊大刀山晉塚發掘報告。

廣州市近郊之考古發掘述略

衞先生把我在廣州大刀山的晉塚發掘也採錄在這裏，還要我把其餘廣州的幾次發掘附錄在晉塚發掘之後，我想廣州那幾次工作本來算不得什麽，不過也算是開南方公開發掘的紀錄罷了！廣州首次的公開發掘是舉行於民國二十年二月，那時市東郊執信學校校園偶然發見一個漢塚的穹窿，市立博物院便委我去調查和發掘。發掘期間共六天；出土品有銅弩機，銅手戟、陶罍、陶鐺、陶壺、陶杯、凫、牛及廣大崇峻的陶屋一座，可惜已被明朝萬曆初年人盜掘過，上列的東西已是刦餘。墓的建築係磚墓，很寬偉，前有墓道，中有玄室，兩旁有旁室，後有修長的槨室，大約總是當時達官貴人的長眠處。(一)

是年三月市博物院在市東山復發掘一漢塚，由蔡哲夫先生主持其事。發掘所得有銅鍪、陶宮、陶鍑及牛、豕等，蔡先生疑爲南越王趙興塚。(二)

十一月初廣州教育廳後園由市工務局闢爲公園，在工事中黃花考古學院研究員曾傳軺先生和我同往調查，見入土三尺的溝中蘊藏了無數漢以來的陶瓷片，後來確定了牠是梁朝的寶莊嚴寺的遺址所在地，仍由市博物院主辦試掘。可惜後來因發掘計畫和公園建築的工事有衝突，於是我不得令這次工作半途中輟，結果僅替博物院掘得唐陶鷄壺一，宋龍泉瓷器四，又破片若干而已。

連着十二月復有大刀山發掘。（見前）（三）

二十一年一月三日又有市北郊黎莊六朝墓羣之發掘。這事之動機遠在二十年十月，因我受市博物院及廣州黃花考古學院之委託，常在廣州近郊踏查遺蹟，已認定這墓羣有發掘的價值，後因交涉及經費發生問題，直延至二十一年一月乃得舉行，這次仍由博物院委我及我的助理馮建猷君主持；計共掘甲、乙、丙三塚，甲、乙均被人盜掘淨盡，丙塚亦經盜掘，塚中委棄之破陶片數達萬塊，大約甲、乙塚被盜時，掘破之陶片均棄丙塚中——於是其後分類，修復，粘補工作乃竟費兩個月之久。——計丙塚共發掘五天，得銅鏡一、石豚一、碧釉陶瓿、陶盌、陶燈具、陶壺等，又半修復陶器二十餘件，陶破片甚多，時代晉末六朝。

同年三月初再發掘預定計畫之市東北郊墳頭崗、漢晉磚墓羣。計全山蘊埋磚墓估定不下一百五十處。而第一期計畫僅可發掘甲、乙、丙、丁、戊、己共六塚，此次以助理馮建猷君之力爲多。各塚多經盜掘：除乙、丁兩塚毫無遺物——乙塚墓制甚異，遲日爲文論及墓制時詳及之。——甲塚僅得俑、陶破片，戊塚僅得碧釉陶盌、赭陶壺外，以丙、己兩塚出土遺物較多：計丙塚得明器凫、鵝、鷄、牛、羊、破陶屋、布紋陶片、鐵破片等；己塚得陶壺、陶奩、陶豆、陶鍑、鐵斷劍等三十餘件。計甲塚屬漢初，丙、己均東漢三國，乙、丁、戊當係晉人塚。可惜我以後匆匆北行，再沒有餘時實現第二期及其以後計畫，這其間謝英伯先生之提倡、指導，廣州市博物院委員蔡哲夫先生，陸薪翘先生幹事盧超照先生，郭潔梅女士，及曾傳軺先生，馮建猷君之襄助，市工務局員夫的賣力，均令發掘進行得到不少助力，不可不誌！

二十一年九月二十三日於眞茹四才閣。

註（一）發掘報告已於二十年六月草成，交廣州市博物院待刊中。

（二）報告書刊攷古學雜志創刊號（廣州黃花攷古學院出版）

（三）以上四次發掘參看拙著二十年度之廣州考古發掘事業刊西南研究創刊號（廣州中山大學出版）

六朝墓

遺址發現的原因　南京棲霞山有六朝造像及隋代所建的塔，被遊人損毀甚多，教育部派我前往調查順便到甘夏鎭看蕭梁時帝王陵墓前有翼石獸，希臘式十字架石柱，蕭憬碑等路過小土嶺見露出磚塊上一面有繩印紋，一面有五銖錢印及其他花紋印紋，知爲六朝時物，用陰陽家看風水法擇定地點試掘所得。

遺址的時代　六朝。

地址　南京棲霞山車站西北甘夏鎭、張家庫、劉家庫。

發掘的時間　民國十九年三月。

發掘的機關　南京古物保存所。

工作重要人員　衛聚賢、王庸、張鳳、劉福泰。

遺蹟　劉家庫的墓係試掘所得。張家庫墓係原陷塌一孔，其地人名焦尾巴洞，甘夏鎮墓係陷塌所得；墓用磚建築如無輪的汽車形。張家庫、劉家庫墓身均長方形。甘夏鎮墓身係正方形，後面下部突出一洞，爲棺木一部分置放處。墓壓爲棺木的入口處，墓壓前有比墓壓高上半圓下方的墓門，門下有一小水道使水浸入墓中時從此水道流出。劉家庫墓身靠墓壓處左旁有一小窖，爲置放明器處。

遺物　在張家庫墓中得有銅鏡一個，銅鍋一件，銅鍉一件，銅絲少須，銅大釘四件，鐵釘十餘根，磁洗一件。在劉家庫墓得磁洗一件，磁盂一件，陶磨一付，陶馬一匹，陶鴨陶鷄各一，陶箕三件，陶杯四件。甘夏鎮墓得磁洗一件，磁罐一件，破碎磁器百餘件。墓磚上印有五銖錢等花紋十餘種，人骨未找到，棺木已朽無痕蹟。

遺物現存處　南京古物保存所。

報告書　未及編輯，我已離開南京古物保存所。

參考材料　自己經歷。

宋鉅鹿城

遺址發現的原因　民國七八年鉅鹿人掘地得磁器數十件，九年北五省大旱，其地人竟以掘古物出售爲生，北平古玩商多往購買，因往調查，於鉅鹿縣農會公地三明寺故址發掘所得。

遺址的時代　宋大觀二年。

地址　河北鉅鹿縣城。

發掘的時間　民國十年七月。

發掘的機關　北平歷史博物館。

工作重要人員　裘善元。

遺蹟　掘得董王二姓宅，以其遺址中碗底多書『董』『王』二字，其門窗雖倒，而門扇破片尙存，又得一木棹，棹上猶雜陳粗劣的箸匙碟盌等件，因宋大觀二年鉅鹿城被水湮沒，水驟至時，董王二宅正在用餐未及用完已被水湮沒。

遺物　銅器：有銅釜、銅鏡，鏡上有『長命富貴』四字，有『崇甯重寶』銅錢。鐵器：有鐵鼎、鐵斂、鐵釘等。

建築物：有琉璃佛光、琉璃獸、磚瓦，瓦當有蓮花、虎頭二種。木樑，木門扇等。

磁器：有白磁盌、盂、碟、盃、盞、缸、罐、盔、枕，枕上畫有黑色花草人物，有黑磁甌、盌、盤、洗、甎、盂、瓿、瓶等，有綠磁盂，盂內有突起花紋。陶器：有瓦餅，瓦溫器。此外有算盤子，木梳、圍棋子、石硯等。

遺物現存處　北平歷史博物館。

報告書　鉅鹿宋代故城發掘記略在國立歷史博物館叢刊第一册中，約五百餘字，太簡！

參考材料　鉅鹿宋代故城發掘記略。

明故宮

遺址發現的原因　南京飲水多汲於池塘中，民國十八年大旱，水源降低，取水人就池塘中向下掘礬。南京明故宮外五龍橋南居人潘陳二姓掘侯家塘得磚及木板，被內政部次長樊象離採警官學校地址所見因往發掘所得。

遺址的時代　明永樂時。

地址　南京明故宮外五龍橋東南侯家塘。

發掘的時間　民國十八年十月。

發掘的機關　南京古物保存所。

工作重要人員　衞聚賢。

遺蹟　距地面約一丈五尺有木板（厚約五寸，寬約七寸，長約一丈五尺至二丈不等，多楠木），縱橫三層，下層用木柱連貫，木柱插入地中，地中用磚塊石灰桐油糯米汁泥等混合而成，使其堅硬，木板上有四個磚臺，臺方一丈，高約三尺，臺與臺距離五尺，空成一十字形。臺上有圓中空石礎。木板及磚臺上遺有木椽小木棍（建築上用）甚多，木椽又被火焚的遺蹟。木板西與臺面齊有木柱四根一排，共十五排。明故宮在宋元時在城外，爲燕雀湖，此遺址正在湖的西岸，爲水中所建的樓閣，明初填燕雀湖爲宮殿，此遺址劃在明工部後面，故明工部就其原有遺址改建爲工人俱樂部。

遺物　銅器有銅鈴、銅圈、銅絲等，又得銅錢四十一枚，俱北宋物。鐵器有鐵刀、鐵鋤、鐵釵、鐵三齒鈎、鐵絲環等。

磁器：有盌，盌底有打破一處或四處作記號，有墨書一『胡』字的，有書爲『繡匠胡森用』的。有一處書『永樂』二字。有白磁豆畫五彩花，書有『長命富貴』字樣。有磁盌磁盤內突起花紋，此外有磁盃、罐、盆等，又有粗磁紹興酒罎、水瓶、罐、盆等。細陶器有盆、罐等。

建築物：有陶的磚瓦等。但琉璃的居多數。琉璃瓦當有龍，又有房脊上琉璃獸，與宮殿上相同。木徽章二，正面中間刻『工部』二字，旁刻號碼及領帶人姓名。背用墨書的使用規則。又有鳥獸骨甚多。

遺物現存處　南京古物保存所。

報告書　南京明故宮發掘的報告，在印刷中（商務印用中英文合編）。

參考材料　自己經歷。

此外如東特區文物研究所於民國二十年十月在吉林、寧安縣、愛河北發見磨渤海國所築長城約二百里，並發見新石時代遺址兩處，又發掘渤海國上京，所得古物甚多（國際協報二十年十月十八日東特科學考察團報告）。因無詳細報告，故附錄於此。

四　外人在中國考古的成績及糾紛

法

天津博物館館長李桑神父（Pere Licent）與巴黎自然歷史博物館逷耶神父（Pere Teilhard de Chardin）於民國十二年在黃河河套鄂爾多斯附近發見舊石器，在黃土下層，距地面五十呎石器與鳥獸骨均堆積在用火燒過做灶的地上。

伯希和（Paul Pelliot）於清光緒三十一年至宣統元年，在新疆、庫車發見吐火羅語木簡，在甘肅敦煌運去斯坦因所遺敦煌千佛洞唐人寫本六七千卷，藏於巴黎國民圖書館，伯氏對於考古的經過著有在中亞的三年（Trois ans en Asie Centrale）及伯希和中亞探險報告（Report de M. paul Pelliot sur sa Mission er Asie Centrale）。

沙畹(E. chavannes)於淸光緒三十三年，將山東的碑闕，山西大同的雲岡，河南洛陽的龍門，陝西的周秦諸陵，四川新都縣王稚子闕，鴨綠江畔的古蹟古物攝影四百八十八種，著有中國北部考古記(Mission archeologique de la chine septrionale, 1909.)與漢代彫刻(La Sculpture a lepoque des Han, 1913.)。

色伽蘭(Victor segalən)等於民國十三年，在陝西漢霍去病墓前發見石馬，在四川昭化縣發掘鮑三娘墓，渠縣發見沉氏闕，保寧縣發見崖墓，廣元縣發見千佛巖等，著有中國西部考古記(Premier Expose' Des Resultats Archeolo Glques. Obtenus Dans La Chine Occidentale)商務有譯本。

德

格路維德(Albert Grumwedel)第一次於淸光緒二十八年至二十九年，第二次於光緒三十一年至三十三年，在新疆、吐魯番、焉耆、庫車，所得關於佛教藝術品甚多，共四十六箱，著有伊地庫車里及其附近的考古工作報告（Bericht uber archaeologische Arbeiten in Idkutschari und Umgebung im Winter, 1909.）及中國土耳其斯坦古佛教塔寺（Alt-buddhistische kultstatten in chinesisch turkistan, 1902.）並古庫車（Alt-kuts cha）與阿毗斯陀經中的魔鬼及其與中亞佛教造像的關係（Die teufel des Avesta und ihre Beziehungen zur Ikonographie des Buddhismus Zentral-asiens, 1924.）

勒可克（Albert von Le Coq）第一次於清光緒三十年至三十三年，第二次於民國二年至三年，在新疆、吐魯番、庫車考古，共得三批，一爲一百零三箱，一爲一百三十八箱，一爲一百五十六箱。著有中國土耳其斯坦吐魯番探險的起源，旅程及成績略報（A short Account of the Origin, journey, and results of the first royal prussian(Second German)Expedition to turfan in Chinese turkistan）並中亞後期的佛教（Die Buddhistische spatantike Mittel-Asien, 1925.）六册，及中亞藝術及其文化（Bilderatlas Zur kunst und kultur Geschichte Mittelasiens, 1926.）與東土耳其斯坦的希臘人考（Auf Hellas Spuren in ost-turkistan,）

並高昌的突厥摩尼教(Turkische Manichaica aus Chotscho)其古物皆藏於柏林圖書館等處。其中並有二十四種不同體字的寫本。

俄

鄂本篤(Benediot Goes)於明萬曆三十二年至吐魯番。雷治爾(A. Regel)於淸光緒四年，亦到吐魯番旅行。克力孟斯(D. Klementz)於光緒二十四年至二十五年，在新疆、吐魯番考古，著有吐魯番及其古代(Turfan uud Seine Alter thumer, 1899.)

柯智錄夫大佐(Captain P. K. Kozloff)於淸光緒三十三年至宣統元年，到蒙古探險，至甘肅張掖額齊納河畔發掘西夏廢址，得有古寫本易經、本草、法華經等書籍數十卷古佛畫及紙幣等甚多，並有中文藏文及西夏文的西夏字書韻統等書籍，均藏於蘇俄亞洲博物館及人種博物館，著有俄皇家地理學會在蒙古四川考古的經過(The Mongolia Szechuan Expedition of the Imperial Russian Geographical Society)。

柯氏又於民國十三年三月至十四年二月，在外蒙土謝圖汗塞楞格河上流諾顏山上，發掘秦漢時古墓二百十二座。其墓曾被盜掘，故棺內諸物，凌亂無敍。得有金片，多爲訂於棺上作飾。銅器有鼎、爐、杯等。鐵鏃。石橢圓珠瑪瑙獸。陶器有黑色陶瓶陶罇。漆器有內紅外黑罇殘片，用金葉飾成各種禽獸，又一碗底鐫有『上林』二字。織物衣物甚多，有一緣皮之絲袍絲帽完整無缺。又有多數氈毯及挂布絲繡毛織物上繡有有翼獸咬龍圖等。其花紋與伊蘭、美索布達美亞、希臘多符合，而爲先秦時代中西由西北陸路已有交通的一證。其報告書爲柯智祿夫蒙藏探險之外蒙探險報告（Kratkie Otchety Expedilsiy po Issledovaniyu Severnoy morgolii v Svyazi S Mongolotibetskoy Ezpoditsiey P. K. Kozlov)

鄂登堡(S. Oidenburg)於淸宣統元年至宣統二年在新疆吐魯番焉耆庫車考古，著有俄羅斯的土耳其斯坦探險報告(Russkaya turkestanskaya Ekspeditsiya)鄂氏於民國九年又赴新疆考古，以其所得藏於列甯格勒圖書館及博物館等處。

俄在哈爾濱於民國十一年成立東省文物研究會（現歸東特區教育廳），內有歷史人種學，股曾調查巴爾嘎、元代的白城遺址等地，於民國十七年在黑龍江海拉爾附近發掘石器時代遺址，著有海拉爾附近發見新石時代遺址(Remains of Neolithic age in the Vicinity of Hailar as discovered by the explorations of 1928.)。

日

大谷光瑞於清光緒二十八年旅居倫敦，聞國際東方學會議決英、法、德、俄四國組織學術探險隊，分赴中國新疆各處，大谷光瑞遂由西比利亞入新疆，在庫車和闐一帶考古，於光緒三十年歸去。於光緒三十四年復遣橘端超第二次到新疆考古，於宣統元年歸去，橘端超又於宣統二年再到新疆，於民國三年歸去。著有西域考古圖譜二冊。

鳥居龍藏於民國八年乘歐戰結束俄有內亂，日兵占領俄沿海地，利用此機會，由海參威經哈爾濱至伊爾庫次克，從赤塔沿黑龍江岸至廟街，並至庫頁島，於各地調查古蹟，並參觀各地博物館中所陳列當地各古物，用日記體編爲東北亞洲採訪記，並附有照片三十二幅，商務印書館有譯本。

濱田耕作於民國十六年四月在大連東老灘貔子窩發掘石器時代遺址得有石斧石刀石錛石鏃，骨鑴骨針骨鏃陶器有豆鬲甗彩陶花紋爲紅黑淺黃三色係連環十字形花紋，書名貔子窩，小題爲南滿洲碧流河畔之先史代遺跡，爲東方考古學叢刊第一册。

八木奘三郎於民國十一年至十五年，先後沿南滿鐵路調查古蹟名勝，調查所得，計石器時代，有貝塚、積石塚、竈迹石器、土器骨角器等，其遺址在旅順老鐵山、郭家屯大連、傅家莊、柳樹屯、撫順等。有史時代，有貝墓、甎墓、高塚、石棺槨古墳、高麗塚、古陶窰、齊刀等。漢牧羊城（旅順老鐵山西北），高句麗石城（遼陽營城下），渤海古城（遼寧東陵南渾河畔），太安寺（鐵嶺縣南三十里）等。其書名南滿洲舊跡志，分上下兩編，上編於民國十三年三月出版，下編於民國十五年十二月出版，上編前有古蹟所在一覽表，下編後附有古蹟分布略圖一大張，用紅色作十五種古蹟符號畫於圖上，看時很便。

原田淑人於民國十七年在旅順老鐵山發掘牧羊城，得有石器時代以至漢魏各遺物甚多，其報告書現尚未發表。小牧實繁等於民國十九年在張家口元寶山發掘石器時代遺址一處。駒井和愛於民國十九年在山東黃縣龍口附近，發掘貝塚。其報告片段的發表於人類學雜誌等。

瑞典

瑞典斯文赫定博士（Dr. Sven Hedin）於清光緒十九年至光緒二十二年，由西比利亞往返帕米爾、阿克蘇及戈壁西之間，又由額什噶爾西南經葉爾羌至和闐，旁及克里雅河至焉耆等處，復由和闐至青海境，經西寧、涼州入鄂爾多斯，東至北平，由北平經蒙古自西比利亞返國，著有穿行亞洲（Through Asia）斯氏前後歷新疆境五次，經十一二年之久，著書約二萬二千餘頁。

斯氏在中國考古既有成績，乃於民國十六年與中國學術團體合作，成立西北科學考察團，在甘新作考古等工作，詳見前新甘（西北科學考察團）。

* * * * *

外人在中國境內考古，不論單獨行動或與中國學術團體合作，而與中國發生衝突者，有英斯坦因，美畢士博，法卜安，美安竹思，茲略述於後：

英

英屬印度政府派匈牙利人斯坦因（M. Aural Stein），於清光緒二十六年由印度至新疆天山南路，以和闐故址爲主，從事調查與發掘，得到可貴的考古資料頗多，著爲古和闐（Ancient Khotan）二册。

斯坦因於光緒三十二年再到新疆，由英住莎車領事介紹了一位中國書記蔣孝琬，號稱蔣師爺，作斯氏的嚮導。斯氏在新疆繪了九十四張有邊牆，瞭望臺，電線，礮臺等軍事地圖。當時新疆省政府曾禁止測量，用其外交方法，使中國外交總長電新府不得干涉。於光緒三十三年，由土耳其商人探知甘肅燉煌千佛洞發見古物，於五月二十一日再至千佛洞，乘該洞主持王道士崇拜唐玄奘心理，賴金錢與中國人蔣師爺力，將甘肅省政府禁封的石室打開，搬運七夜，以寫本裝了二十四箱，藝術品裝了五箱，運到印度和英國去了。著了近印度（Serindia）及迦泰的荒虛（Ruins of Desert Cathay）二書。

斯坦因第三次來華，又到燉煌，欲取其未盡的古物，王道士已知此項古物有金錢上的價值，與斯爲商品交易，以銀五百兩購去寫經五百七十捲，裝了五箱運去，著有亞洲的極中部（Innermost Asia）。

斯坦因又要第四次去新疆，於民國十九年五月到南京，住於下關，行跡甚密，向外交部領去入新疆護照，時我在棲霞山附近發現石器時代遺址，中央研究院電招李濟之參觀，我與李濟之先生往觀遺址時，在棲霞山車站遇教育部長蔣夢麟與美使詹森，並一身軀不大的外國人，由美使介紹方知爲斯坦因。時中央大學教授胡光煒等從金陵大學得到斯氏赴新消息，遂由中大學生向教部請願阻止斯氏，時中央研究院函外交部阻發斯氏護照已不及。各學術團體多反對此事，國民政府行政院於十九年十二月三十一日電新省府云：『政府爲維護國防及學術計，已令外部取消其遊歷護照，該省政府自應恪遵法令，勒令「即日出境」，切勿放任，致貽隱患，仍將遵辦情形電復查核』。新省府於二十年一月四日電復云：『世一世二兩電奉悉，查此案前奉迭次電令，業經轉知斯代諾（斯坦因）遵照，並分令沿途各縣阻止前進，勒令出境在案，茲電奉前因，除限日令其出境外，合肅電復」，是斯氏應「卽日出境」，但國民政府行政院指令教育部轉知古物保管委員會文云：

「案查關於本院辦理令飭新疆省政府，限令英人斯代諾卽日出境一案情形，迭經令知該部在案，茲據新疆省政府電稱，頃接喀什行政長馬紹武巳庚電稱，英員司代諾（卽斯坦因）已於五月三十日由蒲犂邊卡出境，查驗行李，並無何項古物，及他違禁品等語，理合肅電陳明，敬祈鑒核備案等情前來，合行令仰該部知照，並轉行古物保管委員會知照，此令。」

斯氏於民國二十年五月三十日方離開國境，是斯氏第四次在華考古算是終結了。

美

美國福利爾藝術陳列館（Freer Gallery of Art Smthsonian Institution Washington, D. C.）派畢士博（C W. Bishop）來華考古，與北平歷史博物館合作，在山西大同發掘齊后墓，與地方發生衝突。與中央研究院合作發掘殷墟，又爲決裂。十九年冬畢氏的隨員董光忠以我在東方雜誌發表發見漢汾陰后土祠遺址，乃與山西公立圖書館約往萬泉縣調查，在西杜村發掘九日，因遺址不大停止，又在荆村石器時代遺址試掘九日。知其地有發掘的必要，於二十年與北平女子師範學院研究所合作，我爲女師代表。

畢士博、董光忠以萬泉遺蹟尚有發掘的必要，於二十年十月前往發掘，但未依法定手續，被古物保管委員聞知函山西省政府查禁，其事見於北平晨報二十年十月三十四所載。

此外有外國人與考古略有關係發生糾紛的有二：

（一）法人卜安：法有哈爾德考察團嘗以爬行汽車兩次巡行非洲，繼又思爬行亞洲，乃派卜安與中國學術團體合作，爬行汽車分兩路，華方由津、平、察、綏、寧、甘、至新，法方由歐出發，經西伯利亞、土耳其斯坦至新，卜安爲法方團長，褚民誼爲中國團長，原定民國十九年出發，故名『一九學術考察團』，因事改至二十年四月出發，此雖名『學術考察』，實爲法國汽車公司以伊的爬行汽車可行數萬里長途作宣傳的廣告；卜安係軍人，故中途有毆辱我國參加學術工作人員的暴舉。郝景盛、周寶韓於中途退出，一九學術考察團返平，國民政府令行政院，停止『沿途考察』。

新省主席將法考察團在新『只准通過，不准工作』，（大公報十月二十八日）。現一九學術考察團已回平，其糾紛已告終結。

（二）美人安竹思（Hapman Andrews）在蒙古搜集化石的糾紛：安竹思係美國紐約自然歷史博物館所派，借遊獵護照，於民國六年至十四年五遊蒙古。其第五次到火鋒，得有昆龍卵完整的四十個，碎片數千，其卵不但大小互異，而卵殼之厚薄亦相差懸殊。而卵之發見地，亦不僅在平地沙中，且有在山顛的，由此可知昆龍之繁殖於沙巴拉烏蘇爲時甚久，著有橫渡蒙古平原（Across Mongolian Plain）與古人遺跡（On The Trail of Ancient Man）二書。除搜集化石外，並發現石器時代遺址。第六次來華，於民國十七年九月運化石八十餘箱，至張家口被扣留，後經審查放還一部。十九年四月古物保管委員會與美國自然歷史博物館合組中亞調查團，中國以張席禔爲團長，美國以安竹思爲團長，事方解決。

附錄

古物保存法令

古物保存法

國民政府於民國十九年六月二日公布，於二十年六月十五日施行。

第一條　本法所稱古物，指與考古學歷史學古生物學及其他文化有關之一切古物而言。

前項古物之範圍及種類，由中央古物保管委員會定之。

第二條　古物除私有者外，應由中央古物保管委員會責成保存處所保存之。

第三條　保存於左列處所之古物，應由保存者製成可垂久遠之照片分存教育部內政部中央古物保管委員會及保存處所。

一、直轄於中央之機關。

二、省市縣或其他地方機關。
三、寺廟或古蹟所在地。
第四條　古物保存處所每年應將古物塡具表册呈報教育部內政部中央古物保管委員會及地方主管行政官署。
前項表册格式由中央古物保管委員會定之。
第五條　私有之重要古物，應向地方主管行政官署登記，並由該管官署彙報教育部內政部及中央古物保管委員會。
前項重要古物之標準，由中央古物保管委員會定之。
第六條　前條應登記之私有古物，不得移轉於外人，違者沒收其古物，不能沒收者，追繳其價額。
第七條　埋藏地下及由地下暴露地面之古物，概歸國有。
前項古物發現時，發現人應立卽報告當地主管行政官署呈由上級機關咨明教育內政兩部及中央古物保管委員會收存其古物，並酌給相當奬金，其有不報而隱匿者，以竊盜論。

第八條　採掘古物，應由中央或地方政府直轄之學術機關爲之。

前項學術機關採掘古物，應呈請中央古物保管委員會審核，轉請教育內政兩部會同發給採掘執照。

無前項執照而採掘古物者，以竊盜論。

第九條　中央古物保管委員會由行政院聘請古物專家六人至十一人，教育部內政部代表各二人，國立各研究院國立博物院代表各一人爲委員組織之。

中央古物保管委員會之組織條例另定之。

第十條　中央或地方政府直轄之學術機關採掘古物，有須外國學術團體或專門人才參加協助之必要時，應先呈請中央古物保管委員會核准。

第十一條　採掘古物，應由中央古物保管委員會派員監察。

第十二條　採掘所得之古物，得由中央或地方政府直轄之學術機關呈經中央古物保管委員會核准，於一定期內負責保存，以供學術上之研究。

第十三條　古物之流通，以國內爲限但中央或地方政府直轄之學術機關因研究之必要，須派員攜往國外研究時，應呈經中央古物保管委員會核准，轉請教育內政兩部會同發給出境護照。

攜往國外之古物，至遲須於二年內歸還原保存處所。

前二項之規定於應登記之私有古物適用之。

第十四條　本法施行日期以命令定之。

古物保存法施行細則

國民政府行政院於二十年六月三十日舉行第二十八次國務會議，通過古物保存法施行細則，茲錄如次：

第一條　古物保存法第三條所列舉各保存處所除遵照本法第四條第一項每年塡表呈報外，應於本法施行後兩個月之內，由原保存者將所有古物造具清册，並分別記明古物之種類數目現狀，暨所在地及在歷史或學術上之關係，連照片一併送請中央古物保管委員會登記，前項登記，應設置登記簿由原登記官署永遠保存之。

第二條　私有重要古物，聲請登記，其聲請書內應記載左列事項。

(一)古物之名稱數目。

(二)聲請登記年月日。

(三)登記官署。

(四)古物之照片。

(五)古物在歷史或學術上之關係。

(六)現狀。

(七)保管方法。

(八)登記人之姓名籍貫年齡住址職業，聲請人若爲法人，登記其名稱及事務所。

第三條　私有古物之登記，由該管官署依古物保存法第五條之規定，彙報中央古物保管委員會時，須照錄原聲請書連同古物照片一併附送。

第四條　已經登記之私有古物，如有移轉或讓與等行爲，應由原主會同取得人向原主管官署聲請移轉登記，違者其移轉行爲爲無效。

第五條　凡私有古物已經登記者，其所有權仍屬之原主，但私有古物應登記而不登記者，得按其情節之輕重施以二百元以上一千元以下之罰鍰，並得責令古物所有人補行登記。

第六條　凡經登記之古物，如有已經殘損，中央古物保管委員會認爲有修整之必要時，得會同原主或該管官署分別酌量修整之，其經費除由原主或該管官署擔任外，得由中央古物保管委員會補助之。

第七條　凡經登記之古物，倘有因殘損或他種原因須改變形式或移轉地點，應由原主或各該管官署先行報告中央古物保管委員會，非經該委會核准不得處置。

第八條　凡學術機關呈請發掘古物，須具備聲請書，應記載左列事項：

（一）古物種類。

(二)古物所在地。

(三)發掘時期。

(四)發掘古物之原因。

(五)學術機關之名稱。

(六)預定發掘之計劃。

第九條　依古物保存法第七條發現之古物，應由中央古物保管委員會核定其保存辦法，並呈行政院備案。

第十條　前條發現之古物，經核定保存辦法後，由中央古物保管委員會登記之。

第十一條　監察採掘古物人員，應將下列各事分別列表詳細報告中央古物保管委員會備核。

(一)採掘古物之數量。

(二)古物名稱。

(三)發掘年月日。

(四)古物所在地。

(五)採掘所得之古物現存何處。

(六)已否採掘完畢。

前項表式由中央古物保管委員會定之。

第十二條　採掘古物不得毀損古代建築物彫刻型像碑文及其他附着地面上之古物遺物，或減少其價值。

第十三條　凡外國人民無論用何種名義，不得在中國境內採掘古物，但外國學術團體或私人，對於中國學術機關發掘古物，如有經濟上之協助，該學術機關報告中央古物保管委員會核准後，得承受之。

第十四條　古物之流通以國內爲限，如擅自輸出外國，其情節係違反古物保存法第十三條之規定者，得按其情節之輕重，施以五百元以上三千元以下之罰鍰。

第十五條　凡名勝古蹟古物，應永遠保存之，但依土地徵收法應徵收時，由該管官署呈由內政部核辦，並分報中央古物保管委員會備查。

第十六條　違反本細則第一條第一項之規定，故意不依限登記者，原保存處所之保存者，應受相當之處分。

第十七條　各省市縣政府得斟酌地方情形，組織古物保存委員會，及其保護古物辦法，報經中央古物保管委員會核准後施行。

第十八條　關於古物之登記保護獎勵採掘各規則及登記簿册式樣，由中央古物保管委員會定之。

第十九條　本細則自公布之日施行。

校語

這書除前後兩大段記錄前人及外人的考古見聞外，以列舉本國近年來用科學方法發掘的事件爲本文，共有十六則，爲考古學者，歷史學者，所不可不知的材料。關係這些事件的材料，限於經費與地域，一時不易得到，衞先生把他們串截起來印成一小册，授手我們暨大學生之治史學與考古學者，實是莫大便利的事。倘欲覆按一過，則在各個發掘後，都有各種的參考書，則此册又無異是一種考古的論文索引，由此而按圖索驥，更是無上便利的事。

二十一年九月十九日張鳳記於新木橋四號。

跋

現代化的考古學對於古代文化貢獻之大，與斯學之亟待提倡，已經有幾位學者說得很清楚，不必我來贅述；而現在的問題，只剩了怎樣求斯學的進展罷了。今後考古的工作還多得很；中國考古學史考古學辭典考古學叢編都是我近年打算和同志們合作的一部分工作，可惜連年自己沒有集中力量去做，加之同志們不能集攏來向同一目的進行，所以因循而沒有成就。現在衛聚賢教授寫成了這本中國考古小史，拜讀之後，不惟樂於觀成，因我從前也參與過幾次的發掘，腦海很留下一些印象，這次衛教授要求我寫下幾句話，我也如鯁在喉，就說了出來罷！

發掘本來不是一件很容易的事，學者在發掘前已多方研究和籌劃，設法認清這蘊藏所在對文化上所貢獻的價值，而去預定發掘的計劃；發掘的時候更無時不須聚精會神去求發掘記錄之精詳，以期不虛耗金錢和精神；發掘以後對於遺物的研究和整理，做文章發表，也非下苦工辦不到。所以考古學者要有健壯的體格，吃苦的精神，機敏的感悟，淵博的學問。但是這些已不是學者一起能辨得到的了，不過學者在任勞之外，還須任怨呢；我們試翻這部小史，我們還可憶及國內學者因發掘而鬧出的糾紛：甚麼學者與省府，上司與屬員，發掘員與報館記者，其中費了多少唇舌，打了多少筆墨官司，結果每每弄到躬與發掘的人玷名，辱身，辭職求去。這無非是舉國上下以古物爲大利所在，假誣陷他人以爲己身漁利之具，且亦毫無考古常識。蓋現代化考古學者既爲學術而發掘，決不肯以區區一二古物而自貶損其學術上之價值，戕殺其學術生命，且於其精詳之報告發佈後，亦易露出破綻爲人所覺的。不過上面所說任怨一層也決不致令學者灰心而因噎廢食，但總不免令人覺得無秩序的國家裏，偷盜公有古物的人太多，於是國人乃不分皂白，咸以不肖之心待人，且有人以傾陷漁利爲目的者，尤不堪問！——他日且有舉國家之所藏，悉付舶運西去，或將似東陵之盜掘，至今不復縈於吾人之腦海也。

以上關於操守問題，實令發掘者感到無限的痛苦，虛耗許多光陰於交涉辯白之途，更有因誤會而致發掘工作中輟，尤可歎息！希望將來考古宣傳得力，人人有考古常識，庶令考古發掘事業於極難得助力中，亦可減些阻力！將來更可看見這部小史發掘之部每年增加材料，成了若干厚册！則考古界前途幸甚！

二十一年九月二十三日胡肇椿謹跋